So behalten Sie Ihren Job

■ *Prof. Dr. Jörg Knoblauch* weiß als geschäftsführender Gesellschafter mehrerer erfolgreicher mittelständischer Firmen, u. a. der tempus. GmbH, ganz genau, worauf Chefs in schwierigen Zeiten besonders achten und mit welchen Anti-Kündigungsstrategien Mitarbeiter sich gerade in der Krise unentbehrlich machen. Er hat bereits mehrere Bücher veröffentlicht, darunter den Bestseller *Dem Leben Richtung geben;* seine Werke wurden in zwölf Sprachen übersetzt.

Jörg Knoblauch

So behalten Sie Ihren Job

Wie Sie Ihren Arbeitsplatz
langfristig sichern

Illustrationen von Werner Tiki Küstenmacher

Campus Verlag
Frankfurt/New York

Bibliografische Information der Deutschen Nationalbibliothek:
Die Deutsche Nationalbibliothek verzeichnet diese Publikation in der
Deutschen Nationalbibliografie. Detaillierte bibliografische Daten
sind im Internet über http://dnb.d-nb.de abrufbar.
■ ISBN 978-3-593-39007-9

Das Werk einschließlich aller seiner Teile ist urheberrechtlich geschützt.
Jede Verwertung ist ohne Zustimmung des Verlags unzulässig. Das gilt
insbesondere für Vervielfältigungen, Übersetzungen, Mikroverfilmungen
und die Einspeicherung und Verarbeitung in elektronischen Systemen.
Copyright © 2009 Campus Verlag GmbH, Frankfurt/Main
Umschlaggestaltung: R.M.E, Roland Eschlbeck und Ruth Botzenhardt
Satz: Fotosatz L. Huhn, Linsengericht
Druck und Bindung: Druck Partner Rübelmann, Hemsbach
Gedruckt auf säurefreiem und chlorfrei gebleichtem Papier.
Printed in Germany

Besuchen Sie uns im Internet: www.campus.de

Inhalt

Die Ausgangssituation: Mein Arbeitsplatz wackelt.
Umdenken in kritischen Zeiten 9

Schritt 1: Komfortzone verlassen.
Überwinden Sie den inneren Schweinehund 15
Bequemes Mittelmaß: Leben in der Komfortzone 15
Raus aus der Komfortzone! 25
Wählen Sie die Einstellung der Gewinner 33
Bewegen Sie sich im Flow-Kanal 38
Auf einen Blick 43

Schritt 2: Den Chef verstehen.
Werden Sie zum Lieblingsmitarbeiter Ihres Chefs 44
Es gibt A-, B- und C-Mitarbeiter! 44
Betrachten Sie Ihren Chef als wichtigen Kunden 56
Werden Sie zum Problemlöser Ihres Chefs 63
Überraschen Sie Ihren Chef immer wieder positiv 69
Auf einen Blick 77

Schritt 3: Stärken identifizieren.
Mit neu entdeckten Stärken zum sicheren Job 78
Spitzenmitarbeiter bauen auf ihre Stärken 78
1. Stärkenbaustein: Erworbene Kompetenzen 85
2. Stärkenbaustein: Motivationsfaktoren 89
3. Stärkenbaustein: Persönlichkeit 93

4. Stärkenbaustein: Werte 100
5. Stärkenbaustein: Wünsche 106
Zusammenfassung meiner Stärken 110
Auf einen Blick 110

Schritt 4: Jobsituation analysieren.
Finden Sie heraus, wo Sie stehen 111
Ihr Job unter der Lupe 112
1. Jobfaktor: Was sind meine Hauptaufgaben? 114
2. Jobfaktor: Wie zufrieden bin ich mit meinem Arbeitsplatz? 119
3. Jobfaktor: Wie gut ist die Arbeit, die ich leiste? 121
4. Jobfaktor: Wie viele der fünf Ja habe ich? 122
5. Jobfaktor: Wie beurteile ich Gehalt, Position und den
   Ort meiner Arbeit? 127
Zusammenfassung meiner Jobsituation 130
Auf einen Blick 131

Schritt 5: Ziele setzen.
Entdecken Sie die Kraft messbarer Ziele 132
Klare Ziele wirken Wunder 133
Machen Sie aus Wünschen Ziele 135
Entwerfen Sie ein Zielfoto Ihres Traumjobs 139
Planen Sie Schritt für Schritt den Weg zum Traumjob 145
Auf einen Blick 155

Schritt 6: Selbst-PR praktizieren.
Zeigen Sie, wie gut Sie sind 156
Gut sein nützt nichts, wenn's keiner merkt 156
A & O: Achten Sie auf Auftreten & Outfit 159
So werden Sie sichtbar: Marketing in eigener Sache 174
Auf einen Blick 190

Schritt 7: Beziehungen knüpfen.
Finden Sie Verbündete auf dem Weg nach oben 191

Halten Sie die Augen offen 192
Bauen Sie sich ein Netzwerk auf 198
Profitieren Sie von der Erfahrung der Profis 212
Auf einen Blick 225

Am Ziel: Sie sind unkündbar.
Jeden Tag ein bisschen besser – Erfolgsstrategien,
die unentbehrlich machen 226

Alle Tests, Checklisten, Workshops und
Aktionspläne auf einen Blick 231

Literatur 233

Danksagung 235

Register 236

Die Ausgangssituation:
Mein Arbeitsplatz wackelt.
Umdenken in kritischen Zeiten

Zunächst einmal möchte ich Ihnen gratulieren: Sie haben einen Job – und im besten Fall einen, der Ihnen Spaß macht und Erfüllung bringt. Vielleicht haben Sie sich in den letzten Jahren um Ihre berufliche Zukunft wenig Gedanken machen müssen, weil alles so gut lief. Und mit ein wenig Geduld und Zähneknirschen haben Sie auch die diversen Probleme gemeistert, die der sich verändernde Arbeitsmarkt so mit sich brachte: »Länger arbeiten? Okay. Weniger verdienen? Wenn's denn sein muss. Kein Kündigungsschutz? Da kann man nix machen. Betriebsrente weg? Zur Not auch das. Urlaubsgeld gestrichen? Balkonien ist doch auch ganz schön. Versetzung an einen anderen Ort? Geben Sie mir nur kurz Zeit zum Packen. Arbeiten trotz Krankheit? Klar, ich will doch meinen Job nicht verlieren!« – Erkennen Sie sich wieder?

Die Lage der Arbeitnehmer hat sich sukzessive verschlechtert. Wir haben offensichtlich Strukturen geschaffen, die wir uns jetzt nicht mehr leisten können. Umso härter treffen uns die Einschränkungen, die wir heute in Kauf nehmen müssen, damit wir konkurrenzfähig bleiben. Dabei macht uns insbesondere die Verlagerung von Arbeitsplätzen ins billigere Ausland zu schaffen. Der durchschnittliche Stundenlohn in Deutschland liegt bei 30 Euro (inklusive Sozialleistungen sogar bei etwa 50 Euro), der in China bei 50 Cent. Nicht anders verhält es sich bei unseren mitteleuropäischen Nachbarn, die zunehmend Jobs in Billiglohnländer verlagern. Doch auch dort, wo nicht verlagert wird, baut man Stellen ab. Wir haben den Wandel von der »Old Economy« zur »New Economy« live miterlebt. Früher, in der »alten« Wirtschaftsordnung, brauchte man viele Menschen mit durchschnittlichen Qualifikationen. Heute werden bei uns vorwiegend Fachleute gesucht, einfache Tätigkeiten wandern in Billiglohnländer ab, und hoch qualifizierte Akademiker verdrängen nicht selten die klassischen Sachbearbeiter. Täglich verlieren wir in Deutschland 1 000 Arbeitsplätze. Aber das war *vor* der Krise – mittlerweile sind es sogar 5 000 am Tag.

Die weltweite Wirtschaftskrise hat Auswirkungen auf den Arbeitsmarkt, wie wir es seit Jahrzehnten nicht mehr erlebt haben, und lässt die eingangs erwähnten Probleme wie die sprichwörtlichen »Peanuts« wirken. Branchenriesen wackeln, grundsolide Unternehmen setzen Kurzarbeit an, Vorstände werden flugs ausgetauscht, Massenentlassungen drohen und im Grunde kann keiner mehr behaupten, sein Job sei sicher – weder der Topmanager noch der Arbeiter am Band. Im aufschwungsverwöhnten Deutschland rechnet man mit einem deutlichen Anstieg der Arbeitslosenzahlen, und auch in der Schweiz und Österreich wird eine ähnliche Entwicklung prognostiziert. Wir befinden uns mitten in der Rezession – das Einzige, was weiter wächst, ist die Angst der Menschen um ihren Job.

So behalten Sie Ihren Job – das ist der Titel dieses Buches und der Grund, warum Sie es gekauft haben. Sie erwarten praxisorientierte Strategien, die Ihnen dabei helfen, Ihren Arbeitsplatz zu sichern. Und Sie bekommen diese Strategien aus erster Hand. Seit über 30 Jahren nehme ich als Unternehmer und Geschäftsführer Personalverantwortung wahr – ich wähle Mitarbeiter aus, stelle sie ein, begleite, fördere und bewerte sie, und manchmal musste auch ich einem Mitarbeiter sagen, dass in unserem Unternehmen kein Platz mehr für ihn ist. Das sollte Ihnen nicht passieren.

Höchste Zeit für ein Umdenken

Kennen Sie die folgende Geschichte? Zwei Wanderer stehen plötzlich einem gewaltigen Bären gegenüber. Der eine Wanderer fällt auf

die Knie, schreit um Hilfe und fängt an, bitterlich zu weinen: »Der Bär ist schneller als wir und wird uns fressen, wir sind verloren!« In Windeseile reißt sich der andere die Stiefel von den Füßen, holt seine Turnschuhe aus dem Rucksack und zieht sie an. »Was soll das denn?«, fragt sein Begleiter. »Du kannst doch auch mit Turnschuhen nicht schneller laufen als der Bär.« – »Was geht mich der Bär an? Hauptsache, ich bin schneller als du!«

Was sagt uns das? Sie können den Arbeitsplatzabbau nicht aufhalten. Die Krise am Arbeitsmarkt wird in den nächsten Jahren fortwirken, da sind sich die Experten einig. Aber Sie können dafür sorgen, dass Sie zu den Menschen gehören, die davon nicht betroffen sind. Es geht dabei nicht um Mobbing oder andere unfaire Taktiken. Es geht ganz einfach darum, sich Schritt für Schritt zu einem Mitarbeiter zu entwickeln, der zum Juwel des Unternehmens und damit unentbehrlich wird.

Um im 21. Jahrhundert auch in krisengeschüttelten Zeiten am Arbeitsmarkt bestehen zu können, benötigen Sie als Arbeitskraft nicht kopierbare Eigenschaften. Und die wichtigste dieser nicht kopierbaren Eigenschaften sind Sie selbst. Sie können die Geschäftsbeziehung mit Ihren Kunden positiv prägen. Das Logo auf dem Firmengebäude kann das nicht.

Mein Buch ist eine Anleitung, wie Sie sich als Mitarbeiter erfolgreich aus der Masse hervortun und für Ihren Chef unentbehrlich werden. Dies geschieht in sieben Schritten:

Schritt 1: Komfortzone verlassen Hier geht es Ihrem inneren Schweinehund an den Kragen. Mit einer neuen Einstellung brechen Sie auf in Richtung Arbeitsplatzsicherung und beruflicher Erfolg.

Schritt 2: Den Chef verstehen Umdenken ist angesagt! Lernen Sie, Ihre Arbeit einmal aus der Sicht Ihres Chefs zu betrachten. Welche Erwartungen hat er? Womit könnten Sie ihn positiv verblüffen? Wie erreichen Sie, dass er Ihren Wert für das Unternehmen sieht und honoriert?

Schritt 3: Stärken identifizieren Erfahren Sie mithilfe des persolog® Persönlichkeits-Profils D-I-S-G mehr über Ihre Persönlichkeit. Entdecken Sie außerdem Ihre Interessen und Stärken und werden Sie sich Ihrer Werte und Ihrer Wünsche bewusst. Schaffen Sie so die Basis für Ihre Jobsicherheit.

Schritt 4: Jobsituation analysieren Wie sieht es aus in Ihrem Job? Können Sie sich richtig einbringen? Gibt es Entwicklungsmöglichkeiten, die Sie bisher noch nicht gesehen haben? Mit einigen Tests können Sie hier Licht in die Angelegenheit bringen.

Schritt 5: Ziele setzen Lernen Sie, wie man Ziele richtig setzt, entwickeln Sie eine Vision, die Sie antreibt, und formulieren Sie konkrete Ziele, die Sie Schritt für Schritt Ihrem Traum – dem sicheren und vielversprechenden Arbeitsplatz – näher bringen.

Schritt 6: Selbst-PR praktizieren Gut sein bringt nichts, wenn keiner etwas davon merkt. Hier entwickeln Sie eine Strategie, mit der Sie sich richtig vermarkten.

Schritt 7: Beziehungen knüpfen Wer alleine versucht, sich durchzuboxen, hat es schwer. Auf dem Weg zu einem sicheren Arbeitsplatz spielen Kontakte und Beziehungen eine wichtige Rolle. Lernen Sie, wie Sie ein Netzwerk aufbauen und wer Sie außerdem professionell bei Ihrem beruflichen Erfolg unterstützt.

Wenn Sie sich intensiv mit den sieben Jobsicherungsstrategien befassen, wird es, über die Analyse Ihrer Jobsituation hinaus, auch darum gehen, wo Sie sich in einem, in fünf oder in zehn Jahren sehen. Sie werden sich mit Ihrer Jobvision, Ihren Fernzielen und auch mit einem Bild von Ihrem »Traumjob« beschäftigen. Auch wenn die angespannte wirtschaftliche Situation Ihnen Angst macht und Sie vielleicht sogar um Ihren Job bangen, sollten Sie darüber nicht vergessen, dass auch Träume wichtig bleiben und sie ein wichtiger Motor für die berufliche Entwicklung sind. Nehmen Sie sich also unbedingt die Zeit, sich damit zu beschäftigen – im besten Fall ist der Job, den Sie haben, der ideale Job für Sie. Und wenn das (noch) nicht so ist, können Sie viel dafür tun, dieses Ziel zu erreichen.

Sie haben es sicher schon gemerkt: Die nächsten Wochen und Monate werden für Sie nicht einfach. Es geht mir in diesem Buch nicht um schnelle Rezepte – die kann es angesichts der Probleme am Arbeitsmarkt auch gar nicht geben. Die Umsetzung der sieben Jobsicherungsstrategien wird Ihnen viel abverlangen, aber am Ende werden Sie sagen: »Wow, ich bin das Juwel meines Betriebes, mein Arbeitsplatz wackelt nicht mehr!« Also: Legen wir los!

Jörg Knoblauch   Giengen, im August 2009

Schritt 1: Komfortzone verlassen.
Überwinden Sie den inneren Schweinehund

Man kann die Welt oder sich selbst ändern.
Das Zweite ist schwieriger.

Mark Twain

Einführung: Mark Twain kannte ihn offensichtlich auch schon – den inneren Schweinehund. Er begleitet Sie und mich durchs Leben und wird immer dann putzmunter, wenn wir etwas ändern wollen. Anstrengungen sind ihm ein Gräuel, und so versorgt er uns listig mit guten Ausreden. Pech nur, dass Sie als Sklave Ihres Schweinehundes kaum zum unentbehrlichen Mitarbeiter werden. Wenn Sie für Ihr Unternehmen, für Ihren Chef zum »Juwel« werden wollen, müssen Sie raus aus Ihrer Komfortzone. Die prekäre Situation auf dem Arbeitsmarkt sollte Ihnen ein zusätzlicher Anreiz sein, aus Ihrem Trott zu erwachen. Also: Bewegung ist angesagt – das ist die schlechte Nachricht. Die gute: Wenn Sie das richtig anstellen, wird es Ihnen sogar Spaß machen. Warum? Wer sich weiterentwickelt, an sich arbeitet, kurz: sich in seine persönliche Wachstumszone aufmacht, bringt mehr »Flow« in sein Leben. Flow ist jene tiefe Befriedigung, die entsteht, wenn Anforderungen und Kompetenzen perfekt zueinander passen und wir in einer Aufgabe völlig aufgehen. Mal ehrlich: Wie viel Flow erleben Sie zurzeit?

Bequemes Mittelmaß: Leben in der Komfortzone

Vor einigen Jahren hatte ich das Privileg, dem Weltbestsellerautor Bruce Wilkinson zu begegnen. Er hat das Buch *Das Gebet des Jabez* geschrieben, das inzwischen in viele Sprachen übersetzt wurde. Kern des Buches ist ein Gebet aus dem Alten Testament (Erstes Buch der Chronik, 4,10), in dem es heißt:

Segne mich und erweitere mein Gebiet! Steh mir bei und halte Unglück und Schmerz von mir fern! Diese Bitte hatte Gott erhört.

Millionen Menschen sprechen dieses Gebet täglich. Am Tag unserer Begegnung kam Wilkinson aus einer Pressekonferenz, auf der ihn 30 Journalisten mit Fragen bestürmt hatten: »Herr Wilkinson, wie lebt man diesen Aufbruch? Wie erreicht man diese größere Dimension? Wie übernimmt man Weltverantwortung?« Und so weiter … Als die letzten Fragen gestellt und alle Fotos geschossen waren, wandte Wilkinson sich seinerseits an die anwesenden Pressevertreter: »Was halten Sie davon, wenn ich jetzt zum Abschluss dieses Gebet mit Ihnen spreche und wir gemeinsam Gott um diesen neuen Wirkungshorizont bitten?« Nun geschah das Unglaubliche: Eine ganze Reihe von Journalisten meldete sich zu Wort, und jeder hatte Einwände: »Bitte nicht, Herr Wilkinson, nicht mit mir!« Wilkinson war verblüfft: »Warum denn nicht?« – »Ich habe gerade ein Haus gebaut und möchte das erst einmal genießen.« »Ich habe eben eine Familie gegründet und bin noch nicht bereit für irgendwelche Veränderungen.« »Nun, ich habe mich sehr gut in meinem Leben eingerichtet, bitte bringen Sie mir nichts durcheinander.«

Vielleicht werden Sie einwenden, dass auch Sie in Ihrer derzeitigen

Situation keinen Wechsel wollen, sondern im Gegenteil Ihren Job sichern möchten. Ich kann Ihnen nur raten, gerade deswegen Ihre Trägheit zu überwinden. Ein Chef, der die schwere Entscheidung treffen muss, von welchen Mitarbeitern sich die Firma trennt, wird im Zweifelsfall gerne jenen Mitarbeiter behalten wollen, der sich beweglich, motiviert und karriereorientiert zeigt. Selbst beruflich sehr erfolgreiche Menschen haben sich oft in einer Komfortzone eingerichtet, aus der es kaum noch ein Entrinnen gibt. Wenn der Urlaub das Einzige ist, das Sie planen, dann wissen Sie, dass Sie sich in einer ähnlichen Lage befinden.

Die Macht der Bequemlichkeit

Erfolgreichen Menschen zu applaudieren ist eine Sache; sich selbst auf den Weg zu machen, um Ähnliches zu erreichen, eine ganz andere. Lassen Sie mich eine Situation in einem eher privaten Rahmen schildern, die mir das drastisch vor Augen führte: Ich bin eher introvertiert, kein Partytyp. Große Feste und Bierzelte liegen mir nicht. Trotzdem: Wenn sich mein Abschlussjahrgang trifft, dann setze ich alles daran, um diesen Termin möglich zu machen. Schließlich war ich immer ein schlechter Schüler und habe es trotzdem geschafft. Da tut es gut, sich an die alten Zeiten zu erinnern. Bei einem dieser Treffen kam plötzlich die Diskussion auf mich und meinen Werdegang. Einer aus der Runde sagte: »Du hast es geschafft. Du bist Chef einer Firma, du verdienst mit einem Vortrag in einer Stunde mehr als wir im ganzen Monat.«

Nun weiß ich, woher ich komme, und ich weiß, dass man das durchaus so sehen kann. Ich weiß aber auch, wie der Weg zu einem erfolgreichen Leben aussieht, und bin immer gerne bereit, dieses Wissen zu teilen. Am liebsten hätte ich gesagt: »Jungs, wenn euch das Thema interessiert, dann kann ich euch das in der nächsten halben Stunde gerne einmal vorstellen. Ja, es ist möglich, im Leben voranzukommen. Es ist möglich, ein aufregendes und begeisterndes

Leben zu leben.« Aber da ich mir nicht sicher war, ob jemand diese Story hören wollte, sagte ich stattdessen: »Wenn ihr wollt, dann gehe ich jetzt ans Auto; ich habe mein neuestes Buch dabei, das all das erklärt. Es wird nicht für jeden reichen, aber einen kleinen Karton habe ich immer im Kofferraum.« Dafür konnte sich jedoch niemand begeistern. Schließlich sagte einer: »Komm, wir trinken noch mal einen.« Und damit war das Thema vom Tisch. Ist das nicht traurig? Da wird ein kostenloses Erfolgscoaching angeboten, aber einmal mehr ist die Bequemlichkeit der Komfortzone größer als der Wille zum Aufbruch.

So kann sich kein Erfolg einstellen – das zeigt auch dieses einprägsame Bild: Soll eine Tanne gerade wachsen, braucht sie Seitendruck. Nur wenn sie sich gegen Nachbarbäume durchsetzen muss, wächst sie hoch und gerade und liefert einmal gutes Furnierholz. Ist kein Seitendruck vorhanden, dann wird sie breit wie ein Apfelbaum, nur dass sie eben keine Äpfel trägt. Die Moral von der Geschichte: Wer heraus will aus seiner Komfortzone und rein in die Wachstumszone, der wird sich an Seitendruck gewöhnen müssen.

Die Komfortzone

Ein Leben in der Komfortzone ist auf den ersten Blick sehr verführerisch. Hier herrschen Ordnung und Routine. Wir kennen uns aus, wissen, dass wir alle Anforderungen bewältigen können. Das macht uns selbstsicher und stark. Die Kehrseite der Medaille: Wer es sich in seiner Komfortzone allzu gemütlich macht, entwickelt sich nicht weiter. »Wer rastet, der rostet«, sagt treffend ein bekanntes Sprichwort.

Am Arbeitsplatz erkenne ich die Menschen, die sich in diesem Stadium eingerichtet haben, daran, dass sie Routineaufgaben lieben, Herausforderungen aus dem Weg gehen und sich wünschen, dass alles möglichst genau so bleibt, wie es ist. Ganze Entwicklungen gehen an ihnen vorbei, und irgendwann werden sie gar nicht mehr

Schritt 1: Komfortzone verlassen 19

gefragt, wenn es um neue Teams oder neue Projekte geht. Als Chef erinnere ich mich vielleicht erst dann wieder an diesen Mitarbeiter, wenn die Firma in Schwierigkeiten steckt.

Es soll Menschen geben, die im Restaurant keine Speisekarte brauchen, weil sie ohnehin immer Wiener Schnitzel mit Pommes frites bestellen – Komfortzone pur. Nehmen Sie zum Vergleich einen

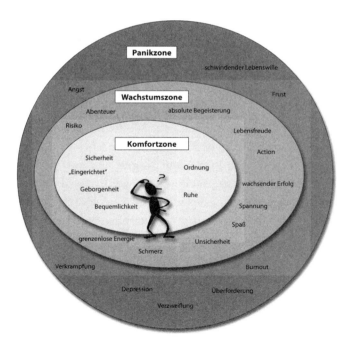

Spitzensportler: Würde der sagen »Ich kenne meinen Körper, ich kenne meine Grenzen und meine Bestzeit; das reicht mir, mehr will ich nicht.«? Nie und nimmer, denn dann wäre er nicht da, wo er heute steht.

Machen wir uns nichts vor: Das Leben der meisten Menschen spielt sich in ihrer Komfortzone ab. Wenn Sie allerdings erreichen wollen, dass Ihr Stuhl nicht wackelt, ist Ihre Aufgabe eindeutig: Raus aus der Komfortzone!

Die Wachstumszone

Das Bild auf Seite 19 verdeutlicht, was Wachstumszone im Detail bedeutet: Wir sind offen für neue Aufgaben und bereit, dazuzulernen. Wir verlassen gewohnte Pfade und wagen uns auf unerschlossene Wege. Dabei fühlen wir uns nicht immer wohl, aber dafür haben wir die Chance, etwas ganz Neues zu entdecken. Plötzlich spüren wir, dass mehr in uns steckt, als wir bisher vermuteten. Abenteuerlust und absolute Begeisterung lassen uns bisherige Grenzen überschreiten. Das ist auch im aktuellen Job möglich – wer aus der Komfortzone herausschaut, wird oft erstaunt entdecken, was es um ihn herum sonst noch alles an Möglichkeiten gibt. Fällt mir als Chef ein solcher Mitarbeiter auf, weil er sich durch besonderes Engagement, Begeisterungsfähigkeit und Interesse an neuen Aufgaben hervortut, setze ich ihn gedanklich auf die Liste wichtiger Mitarbeiter, die Förderung und Unterstützung verdient haben. Anders verhält es sich mit seinem Kollegen, der es sich immer noch in der Komfortzone bequem macht.

Auch ein erfolgreicher Sportler lotet immer wieder seine Grenzen aus, um Höchstleistungen zu erbringen. Auch er kennt Angst und Unsicherheit: Wird er sein Ziel auch dieses Mal erreichen? Wird er sich womöglich überfordern oder verletzen? Das ist sicher nicht immer angenehm – doch es birgt die Chance, über sich selbst hinauszuwachsen. Gerade in der Unsicherheit der Wachstumszone entdecken Sie Ihr wirkliches Potenzial. Lassen Sie sich daher nicht von vorübergehenden Selbstzweifeln zum Rückzug in die Komfortzone treiben. Denken Sie daran: »Wann immer du verwirrt bist, entwickelt sich gerade etwas Neues.«

Die Panikzone

Nur wenige Menschen haben einen so ausgeprägten Ehrgeiz, dass sie sich permanent überfordern. Sie schießen übers Ziel hinaus und landen in der Panikzone. Was mit Schlafstörungen oder Magenschmerzen beginnt, endet schließlich mit Frust, Burnout oder Depressionen. Auch ein Sportler, der die vorgegebenen Ruhepausen zwischen den Trainingseinheiten nicht einhält, bewirkt statt eines Leistungsaufbaus genau das Gegenteil und fällt zurück. Anders ausgedrückt: Ein Bogen, der immer gespannt ist und niemals entspannt, wird eines Tages brechen.

| In der Komfortzone ist es so gemütlich – aber Erfolgserlebnisse gibt es hier nicht. | Bereits die Entscheidung aufzustehen wird Ihnen die Kraft geben, große Dinge anzupacken und sich in die Wachstumszone zu begeben. | Kaum etwas ist befriedigender – und beflügelnder – als das Gefühl, es geschafft zu haben! |

Test: In welcher Zone leben Sie zurzeit?

Sie möchten wissen, in welcher Zone Sie momentan leben – Komfortzone, Wachstumszone oder Panikzone? Machen Sie einfach den folgenden Test. Entscheiden Sie sich bei jeder Aussage für »Trifft zu« oder »Trifft nicht zu«. Prüfen Sie anschließend, wo Sie mehr Treffer als nicht Zutreffendes angekreuzt haben – und denken Sie dann darüber nach, was das für die Sicherheit Ihres Arbeitsplatzes bedeutet.

I. Komfortzone:	Trifft zu	Trifft nicht zu
Der einzige Grund, warum Sie morgens aufstehen, ist: Sie müssen auf die Toilette.	☐	☐
Im Job geht es Ihnen hauptsächlich ums Brötchenverdienen.	☐	☐
Ihre Grundstimmung: Ein Tag ist wie der andere.	☐	☐
Sie schieben immer öfter den Gedanken beiseite, ob das schon alles gewesen ist.	☐	☐
Sie merken, dass Ihnen die Leidenschaft für Ihre Arbeit abhandengekommen ist. Spannung oder gar Abenteuer? Im Gegenteil: Alles ist Routine.	☐	☐

Schritt 1: Komfortzone verlassen ■23

	Trifft zu	Trifft nicht zu
Über einen beruflichen Aufstieg haben Sie sich kaum Gedanken gemacht.	☐	☐
Ihr Können schöpfen Sie aus Ihrer Erfahrung. Neues interessiert Sie wenig.	☐	☐
Ihre Arbeit füllt Sie nicht mehr aus, aber Sie haben sich an Ihr Einkommen gewöhnt.	☐	☐
Von Ihrem Traumberuf haben Sie sich längst verabschiedet. Wenn Sie an Ihre Firma denken, spüren Sie vor allem eines: Gleichgültigkeit.	☐	☐
Sie freuen sich auf den Feierabend und auf das Wochenende, weil da frischer Wind in Ihr Leben kommt.	☐	☐

II. Wachstumszone:	Trifft zu	Trifft nicht zu
Sie schöpfen Ihr Wissen nicht nur aus der Erfahrung, sondern auch aus neuen Quellen.	☐	☐
Bei der Arbeit suchen Sie bewusst immer neue Herausforderungen.	☐	☐
Ein erfülltes Leben ist Ihnen wichtig. Dazu gehört für Sie, im Beruf eigene Ideen verwirklichen zu können.	☐	☐
Routine und Langeweile gibt es bei Ihnen kaum. Stillstand betrachten Sie als Rückschritt.	☐	☐
Sie genießen immer wieder das Gefühl, etwas Neues geschafft zu haben. Sie brauchen Erfolgserlebnisse.	☐	☐
In den letzten Monaten haben Sie sich immer wieder gefragt: Wieso mache ich das überhaupt noch? Wie kann ich in der Firma mehr erreichen?	☐	☐
An Ihrem Arbeitsplatz fühlen Sie sich unterfordert. Eigentlich trauen Sie sich im Unternehmen mehr zu.	☐	☐

Nach so vielen Jahren ist es Zeit für eine Veränderung. Sie sind bereits auf der Suche nach passenden Möglichkeiten und beobachten genau, was sich in der Firma tut.	☐	☐
Manchmal beschleicht Sie kurz die Angst vor der eigenen Courage, doch dann sagen Sie sich: Das packe ich auch noch!	☐	☐
Ihren Traumjob haben Sie fest im Blick. Alles nur eine Frage der Zeit.	☐	☐

III. Panikzone:	Trifft zu	Trifft nicht zu
Schon auf dem Weg zur Arbeit packen Sie unerklärliche Ängste.	☐	☐
Sie sind unzufrieden mit Ihrer Arbeitsleistung. Sie müssen aus Zeitgründen ständig »halbe Sachen« machen.	☐	☐
Messbare Erfolge hatten Sie schon lange nicht mehr.	☐	☐
Sie haben den Eindruck, Ihre wirklichen Stärken sind im Job nicht gefragt.	☐	☐
Sie leben eigentlich nur noch auf das nächste Wochenende bzw. auf den nächsten Urlaub hin.	☐	☐
Sie werden dermaßen mit Aufgaben und Projekten zugeschüttet, dass Sie kein Land sehen.	☐	☐
Ihr Privatleben leidet (sofern Sie überhaupt noch eines haben).	☐	☐
Am liebsten würden Sie sofort das Handtuch werfen.	☐	☐
Sie schlafen schlecht, plagen sich mit Kopf-, Rücken- oder Magenschmerzen. Oder: Eine Krankheit jagt die nächste.	☐	☐

Sie fühlen sich ausgebrannt. Wut, Frustration, Niedergeschlagenheit und Sorgen sind Ihre ständigen Begleiter.	☐	☐

Service: Sie können den Test auf der Webseite zu diesem Buch (*www.sobe haltensieihrenjob.de*) kostenlos herunterladen, ausdrucken und ausfüllen!

Raus aus der Komfortzone!

Was hindert Sie daran, Ihr Leben ab sofort selbst in die Hand zu nehmen? Was hält Sie davon ab, die entscheidenden Veränderungen anzupacken, damit Sie Ihre Stärken gezielt einsetzen können? Dafür gibt es gute Gründe: So zu leben erfordert ein Höchstmaß an Entschlossenheit, Sie müssen Ihre Blockaden erkennen und Sie müssen es Ihrem inneren Schweinehund zeigen. Machen Sie sich klar, dass Passivität gerade das Letzte ist, was am Arbeitsmarkt gebraucht wird.

Das A & O: Entschlossenheit

Ein Musterbeispiel für entschlossenes Handeln habe ich bei uns in der Firma erlebt: Es gab dort eine erfahrene Empfangssekretärin – die allerdings nur ganze sechs Stunden bei uns blieb. Sie merkte sofort, dass unser Tempo für sie nicht das Richtige war. Sie sagte uns das und ging. Dass sie das so schnell erkannt und die Konsequenzen daraus gezogen hatte, imponierte mir. Ich bin mir sicher, sie hat anderswo Karriere gemacht.

Die Dame wusste ziemlich genau, was sie wollte. Ihr Vorgehen war von bewundernswerter Zielstrebigkeit. Das können Sie doch auch! Sie haben nicht den Mut dazu, so konsequent zu handeln wie die Sekretärin? Das glaube ich Ihnen nicht, denn Mut ist eine Frage der Einstellung. Wir alle haben Ängste. Mutig zu sein bedeutet nicht, keine Angst zu haben oder sich kopflos ins nächste berufliche Abenteuer zu stürzen. Mutig zu sein bedeutet, zu erkennen, dass es Dinge gibt, die wichtiger sind als Angst und Ungewissheit – und einzuschätzen, wann dieser Mut gefordert ist.

Checkliste: Innere Blockaden erkennen

Häufig hindern uns innere Blockaden, das eigentlich Naheliegende und für uns Beste zu tun. Wer erkennt, was ihn ausbremst, kann solche Hürden leichter überwinden. Nutzen Sie dafür die folgende Checkliste:

Frage:	Trifft zu?	Das steckt dahinter:
Sie haben einen technischen Beruf erlernt oder einen ähnlichen Beruf, in dem Exaktheit gefragt ist?	☐	Als »Genauigkeitsmensch« sind Sie darauf getrimmt, vollständige Informationen zu sammeln. Unsichere Fragen – wie die nach der Zukunft – lehnen Sie instinktiv ab.
Sie sind stolz auf Ihre Erfahrungen und verlassen sich gerne darauf?	☐	Vorsicht: Erfahrungen aus Zeiten, in denen andere Rahmenbedingungen herrschten, können eine trügerische Sicherheit vorgaukeln.
Sie meinen im tiefsten Innern: »Ich bin sowieso machtlos.«?	☐	Wer vor allem seine Grenzen wahrnimmt, findet immer einen Grund, warum er keine neuen Wege beschreiten kann.

Sie denken häufig »Ja, aber ...« und sehen überall Sachzwänge?	☐	In Ihrem Job folgen Sie bestimmten Verfahrensweisen und Vorgaben. Sind diese tatsächlich in Stein gemeißelt? Trotten Sie nicht ohne nachzudenken den Pfad des Gewohnten entlang. Meistens führt dieser Pfad langsam bergab.
Sie sind auf das bisher Geleistete und Erreichte stolz?	☐	Wenn Sie die Vergangenheit nicht als Vergangenheit abtun, laufen Sie Gefahr, die Zeichen der Zeit zu übersehen. Etwas in Zukunft anders zu machen heißt nicht, dass Früheres falsch war.
Sie nähern sich der dritten Lebensphase oder sind mittendrin?	☐	Ab 45 haben Sie kaum mehr das Draufgängertum eines Zwanzigjährigen. Das ist völlig normal. Für eine träge Ruhestandsmentalität ist es allerdings noch zu früh!
Sie sind überzeugt, die Zukunft »im Griff« zu haben?	☐	Das engt Ihr Gesichtsfeld ein – Sie verschließen sich vor neuen Perspektiven und verzichten damit womöglich auf ein vollständigeres Zukunftsbild.
Sie sind der Auffassung, besser Bescheid zu wissen als die meisten anderen?	☐	Dann verschenken Sie möglicherweise Chancen, von anderen zu lernen und sich dadurch weiterzuentwickeln.

Service: Sie können die Checkliste auf der Webseite zu diesem Buch (*www.sobehaltensieihrenjob.de*) kostenlos herunterladen, ausdrucken und ausfüllen!

Je öfter Sie gerade eben ein Kreuzchen gemacht haben, desto gehemmter sind Sie, sich mit der Zukunft zu befassen. Verabschieden Sie sich von solchen Denkblockaden, und loten Sie neue Möglichkeiten aus!

Dem Schweinehund die Zähne ziehen

Peter Drucker, der amerikanische Managementvordenker, hat einmal gesagt: »Das Problem in meinem und im Leben anderer Menschen ist nicht, dass wir nicht wissen, was wir tun sollen, sondern dass wir es nicht tun.« Er beschreibt damit sehr treffend, was der »innere Schweinehund« anrichtet, den jeder von uns mit sich herumschleppt. Sobald wir unsere Komfortzone verlassen wollen, versorgt uns dieses listige Kerlchen unaufgefordert mit Ausflüchten und Entschuldigungen.

Besonders aktiv wird unser ständiger Begleiter, wenn es um Veränderungen im Job geht. Schließlich steht einiges auf dem Spiel, und anders als im Privatleben müssen wir uns hier auch noch mit Chefs und Kollegen auseinandersetzen – von den üblichen Arbeitsbergen ganz zu schweigen. Ein Vorgesetzter wird einen Mitarbeiter, der beständig mit seinem inneren Schweinehund beschäftigt ist und nicht aus seiner Komfortzone herauskommt, eher als »Bremser« einordnen, der nichts Neues wagen will. Typische Ausreden des inneren Schweinehundes sind:

- Ich bin heute einfach nicht in Stimmung.
- Ich bin zu müde.
- Das bringt doch nichts.
- Das kann ja gar nicht funktionieren.
- Heute ausnahmsweise nicht.
- Das schaffe ich sowieso nicht.
- Morgen ist auch noch ein Tag.

- Dafür habe ich jetzt keine Zeit mehr.
- Ein Mal ist kein Mal.
- Jetzt ist es eh' schon egal.

Und was flüstert Ihnen Ihr Schweinehund ein? Notieren Sie die häufigsten beiden Ausreden Ihres störrischen Begleiters:

Ausrede Nr. 1:

_____

_____

_____

Ausrede Nr. 2:

_____

_____

_____

Platzieren Sie einen Zettel mit diesen Ausreden an einem Ort, an dem er Ihnen öfter ins Auge fällt. Wie wäre es mit dem Monitor Ihres PCs, der Kühlschranktür oder dem Badezimmerspiegel? Denn: Gefahr erkannt – Gefahr gebannt!

Regeln für konsequente Veränderungen im Job

Sobald Sie Ihren Lieblingsausreden nicht mehr auf den Leim gehen, stehen Sie schon mit einem Bein in der Wachstumszone. Darüber hinaus gibt es eine ganze Reihe bewährter Methoden, die Ihnen helfen, frischen Wind in Ihr Leben zu bringen und Veränderungen tatsächlich anzugehen:

Realistisch planen Stecken Sie Ihre Ziele hoch und herausfordernd, aber nicht unerreichbar. Fangen Sie lieber klein an und steigern Sie sich kontinuierlich. Beispiel: Sie wollen Ihren Chef besser als bisher auf Ihre Erfolge aufmerksam machen. Nehmen Sie sich dabei nicht gleich das größte Kommunikationstalent der Abteilung zum Vorbild. Sich bei Meetings ab sofort mindestens einmal zu Wort zu melden wäre zum Beispiel ein realistisches Ziel.

Sich selbst Termine setzen Viele Menschen sagen: »Ohne Druck kann ich nicht richtig arbeiten.« Wenn es Ihnen ähnlich geht, machen Sie es sich zur Gewohnheit, sich eigene Deadlines zu setzen. Termine lenken den Blick auf die Tätigkeit und schaffen Prioritäten. Die Erfahrung zeigt, dass das Gehirn nach wenigen Wiederholungen nicht mehr zwischen echten und künstlichen Zeitlimits unterscheiden kann. Nutzen Sie diese Methode und aktivieren Sie damit zusätzliche Kräfte.

Es darf auch mal wehtun Heben Sie Ihre selbst gesteckten Grenzen auf. »Es darf auch mal wehtun« sollte Ihre neue Einstellung werden. Wie viele Vorhaben wurden schon aufgegeben, weil Sätze wie »Nach 22 Uhr kann ich sowieso nicht mehr konzentriert arbeiten« oder »Mit Excel bin ich noch nie klargekommen« immer wieder blockierten. Den idealen Zustand, in dem Ihnen eine Aufgabe flott von der Hand geht und gleichzeitig Spaß macht, müssen Sie sich hart erarbeiten! Die Schwelle zur Frustration ist wie ein Muskel trainierbar und legt Ihren inneren Schweinehund an die Kette. Probieren Sie es aus: Sie werden sehen, welche Energien Ihr neuer Grundsatz freisetzt.

3-2-1-Countdown Um mit etwas Neuem zu beginnen, warten wir gerne auf den »richtigen« Zeitpunkt. Und der kommt bekanntlich weder heute noch morgen noch nächste Woche. Um diesen Mechanismus zu durchkreuzen, empfehle ich Ihnen den 3–2–1-Countdown. Definieren Sie selbst einen Zeitpunkt, an dem Sie loslegen werden – egal, wie Sie sich dann gerade fühlen. Indem Sie einen Countdown festlegen, fangen Sie an, Ihre Gedanken zu bündeln, und schlagen der Trägheit ein Schnippchen. Sagen Sie sich: »Wenn es 17 Uhr ist, beginne ich, egal wie ich mich dann fühle.«

Schritte jetzt – Gefühle später Arrangieren Sie sich mit Ihrem inneren Schweinehund. Es macht keinen Sinn, ihn zu ignorieren oder zu bekämpfen. Akzeptieren Sie ihn als den Bestandteil Ihrer Persönlichkeit, der Ihnen unnötige Mühsal ersparen will. Das bedeutet allerdings nicht, dass Sie auf jede seiner Bemerkungen hören müssen. Notieren Sie während Ihrer Tätigkeit einfach alle Einwände Ihres bequemen Begleiters auf einem Blatt Papier und sagen Sie sich: »Danke für den Einwand, ich werde mich später damit befassen!« Damit kontrollieren Sie Ihre Impulsivität und behalten selbst das Heft in der Hand.

Der 15-Minuten-Trick Für »schwere« Tage empfehle ich folgende Technik: Stellen Sie sich einen Wecker auf 15 Minuten und befassen Sie sich mit der Tätigkeit, die Sie ansonsten vor sich herschieben würden. Nach diesen 15 Minuten dürfen Sie eine Pause einlegen. Die Pause sollte allerdings nicht länger als 5 Minuten sein. Beginnen Sie jetzt von Neuem. Falls Ihnen 15 Minuten zu lang sind, fangen Sie einfach mit 5 Minuten an. Auch hier gilt wieder: Weniger ist mehr. Steigern Sie Ihre Leistung kontinuierlich. So bekommen Sie auch ungeliebte Arbeiten vom Tisch.

Unangenehmes angenehm gestalten Nutzen Sie diese Herangehensweise für all die langweiligen Tätigkeiten, um die Sie nicht herumkommen. Viele zählen Routinearbeiten wie Ablage, Erstellen von Monatsübersichten oder Schreiben von Protokollen dazu. Machen Sie einen Sport daraus: Messen Sie die Zeit, die Sie für die Aufgabe brauchen, und nehmen Sie sich vor, diese Zeit das nächste Mal zu unterbieten.

Erfolge feiern – auch kleine! Nichts spornt mehr an als der Erfolg selbst. Feiern Sie deshalb auch die kleinsten Erfolge! Erstellen Sie dazu eine Selbstbelohnungsliste: Was können Sie sich monatlich Gutes tun (Kinobesuch, Essen gehen und so weiter)? Keine falsche Bescheidenheit – Sie haben ein selbst gestecktes Ziel erfolgreich erreicht. Ihr Selbstvertrauen wird wachsen, und mit der Zeit werden Sie sich immer ehrgeizigere Ziele setzen – und auf diese Weise auch langfristig Ihren Job sichern.

Tagesschau Gewöhnen Sie sich an, jeden Tag eine Tagesschau abzuhalten. Was lief gut? Vergessen Sie dabei nicht, sich zu loben. Was lief nicht so gut? Was können Sie morgen noch besser machen? Welche dieser zwölf Regeln werden Sie morgen beispielsweise umsetzen?

Den Anfängen wehren Viele ernste Probleme beginnen mit Kleinigkeiten, die dem ungeübten Auge zunächst verborgen bleiben. Wenn man solche Abweichungen rechtzeitig erkennt, lassen sie sich noch ohne großen Aufwand beheben. Reagiert man nicht darauf, wird irgendwann eine größere Reparatur erforderlich. Beispiel: Sie stellen fest, dass viele Ihrer Kollegen beim Umgang mit dem PC flotter sind, sich besser mit Programmen auskennen, routinierter im Internet recherchieren. Jetzt können Sie abwarten, bis Sie den Anschluss verpasst haben – oder sich gleich für die passenden Kurse anmelden.

Versuchungen aufschreiben Wir kennen uns eigentlich selbst ganz gut. Was lenkt Sie immer wieder von Ihren Plänen ab? Sie haben eine Idee, die Ablage in Ihrem Büro zu optimieren, damit sich endlich auch andere zurechtfinden, wenn Sie nicht da sind. Leider wird seit Wochen nichts draus, und auch diese Woche muss vieles andere zuerst erledigt werden (was im Grunde weniger wichtig ist, wie zum Beispiel der Plausch mit dem Büronachbarn oder das sinnfreie Surfen im Internet). Notieren Sie solche Versuchungen, dann fallen Sie nicht so schnell auf Ihren Schweinehund herein.

Ausrutscher verzeihen Wieder mal einen Kunden rasch abgefertigt, obwohl Sie sich fest vorgenommen haben, Ihre Kunden ab jetzt zu begeistern? Ausrutscher gehören zum Leben dazu und sind halb so schlimm. Schlimm wird es erst, wenn Sie daraus den Schluss ziehen: »Ach, jetzt habe ich ein Mal den Kunden vergrault; jetzt kommt es auf ein zweites Mal auch nicht mehr an.«

Wählen Sie die Einstellung der Gewinner

In meiner Heimatstadt steht Europas größtes Kühlgerätewerk – ein großer Anziehungspunkt für Hauptschüler. Denn für sie ist es ganz einfach, dort ohne weitere Ausbildung tätig zu werden. Mit Schicht- und Schmutzzulage verdienen sie dort mehr als ein Techniker in einem typischen mittelständischen Betrieb. Das gilt auch für andere Personen, die aus schlecht bezahlten Berufen stammen und dort unterkommen. Allerdings: Diese Menschen haben es versäumt, in ihr Wissen zu investieren, um sich damit gegen die Krise resistent zu machen.

Zig Ziglar erzählt dazu passend in *Der totale Verkaufserfolg* ungefähr folgende Geschichte:

Ein Arbeitstrupp bei der Eisenbahn schuftet in brütender Hitze und verlegt Gleise. Da fährt eine Luxuslimousine vor. Ein Fenster öffnet sich, im Wagen sitzt der Besitzer der Eisenbahngesellschaft. Zur Verblüffung aller Anwesenden ruft er auf einmal einem der Arbeiter zu: »Mensch Fred, lange nicht gesehen! Komm, wir fahren eine Runde.« Fred steigt ein und kommt nach etwa 20 Minuten zurück. Die Kollegen können es nicht glauben und löchern ihn mit Fragen: »Woher kennst du denn den Chef?« Fred erklärt: »Ganz einfach, wir haben am selben Tag angefangen, hier zu arbeiten.« – »Das ist schon seltsam«, staunen die Kollegen, »ihr habt gleichzeitig angefangen, und nun ist er der Chef, und du bist noch immer hier? Wie kommt das denn?« – »Der Unterschied ist«, gibt Fred zu verstehen,

»als ich angefangen habe, da habe ich für 4 Dollar die Stunde gearbeitet. Er hat für die Zukunft der Firma gearbeitet.«

Je nachdem, wie man an eine Aufgabe herangeht, kann man viel oder wenig bewegen. Der Arbeiter Fred hat seine Komfortzone nie verlassen. Ihm ging und geht es nur darum, seinen Lebensunterhalt zu verdienen. Sein Freund hingegen sah das, was er tat, von Anfang an als Teil eines großen Ganzen.

Kaum etwas ist motivierender als das Gefühl, an einem großen, sinnvollen Projekt mitzuarbeiten. Und wenig wird Ihre Karriere mehr beflügeln als die Einstellung, für die Erreichung der Ziele des Unternehmens mitverantwortlich zu sein. Als »Mit-Unternehmer« legen Sie auch das Fundament für Ihren eigenen Erfolg. Wer sich so als Teil des Ganzen fühlt, sieht auch kritische Zeiten als eine Herausforderung, die es gemeinsam zu meistern gilt.

In unserer Firma versuchen wir, die Mitarbeiter aus ihrer Rolle der Ausführenden herauszulocken und sie mit einem speziellen Programm Schritt für Schritt zu »Mit-Unternehmern« zu machen. Wer da mitzieht, wird gesehen und auch für neue Aufgaben und Projekte in Erwägung gezogen. Versuchen auch Sie, ein solcher Mitarbeiter zu werden und Ihren Vorgesetzten damit auf sich aufmerksam zu machen – das ist ein entscheidender Baustein Ihrer Arbeitsplatzsicherung.

Positives Denken aktiviert verborgene Kräfte

»Ob du meinst, es wird dir gelingen, oder ob du meinst, es wird dir misslingen – du hast in jedem Fall recht«, so Henry Ford, Gründer der Ford Motor Company, schon vor mehr als 60 Jahren. »Positives Denken« ist also keine Erfindung der jüngsten Zeit. Ob Sie Ihre Ziele mit Leidenschaft erreichen, hängt ganz eng mit der Art und Weise zusammen, wie Sie sich selbst und Ihre Umwelt wahrnehmen. Auch in wirtschaftlich schwierigen Zeiten, in denen wir mit negativen Nachrichten und Prognosen überschwemmt werden, ist dieser Gedanke wichtig.

Negative Gedanken sind wie ein Leck in Ihrem Lebensschiff: Wertvolle Lebensenergie fließt ungenutzt ab; Sie fühlen sich mut- und kraftlos. Positives Denken dagegen schont nicht nur Ihre Energiereserven, sondern richtet Ihre Energie konsequent auf eine positive Zukunft aus. Und mit der Haltung »Ja, das werde ich schaffen!« programmieren Sie Ihr Denken tatsächlich auf Erfolg.

Das hat nichts mit Hokuspokus zu tun. In der Medizin ist der Placebo-Effekt bestens bekannt. Der Patient bekommt kein echtes Medikament, sondern eine Tablette ohne Wirkstoff. Der Arzt macht sich die Kraft der Gedanken seines Patienten zunutze, indem er ein Placebo verabreicht und dazu mit fester Stimme versichert: »Diese Pille hilft Ihnen!« In den meisten Fällen tritt tatsächlich eine positive Wirkung ein. Der französische Apotheker Cué verzichtete gleich ganz auf Scheinpillen und empfahl seinen Kunden direkt, es zunächst mit gutem Zuspruch zu versuchen. Erst wenn das nicht wirkte, sollten sie zu Medikamenten greifen. Er empfahl Patienten, sich einzuprägen: »Es geht mir jeden Tag in jeder Hinsicht immer besser und besser.«

Ihre Einstellung zählt

Durch positive Selbstbeeinflussung werden Bewusstsein und Unterbewusstsein gezielt in eine fruchtbare Beziehung gebracht. Das Bewusstsein gibt Befehle an das Unterbewusstsein und wirkt so auf unsere Einstellung, unser Verhalten und sogar auf die Selbstheilungskräfte unseres Körpers. Der evangelische Pfarrer und bekannte US-Radioprediger Charles Swindoll zählt diesen Gedanken zu seinen »Einsichten für das Leben«:

»Denken Sie: Es mag möglich sein, aber es ist mir zu schwierig. Oder denken Sie: Es mag schwierig sein, aber es ist möglich!
Denken Sie: Das wird sowieso nichts. Oder denken Sie: Ich will es wenigstens versuchen.
Lassen Sie die Dinge geschehen und schauen zu? Oder packen Sie tatkräftig mit an?
[...]
Je länger ich lebe, desto mehr begreife ich die Wirkung, die unsere persönliche Einstellung auf das Leben hat. Die persönliche Einstellung ist für mich wichtiger als Tatsachen. Sie ist wichtiger als die Vergangenheit, als Erziehung, als Umstände, als Geld, als Erfolg, als das, was andere Menschen sagen oder tun. Sie ist wichtiger als Aussehen, Begabung oder Können. Die persönliche Einstellung ist das A und O [...]. Bemerkenswert daran ist, dass wir jeden Tag neu entscheiden können, in welcher Einstellung wir dem Tag begegnen wollen. Wir können unsere Vergangenheit nicht verändern. Wir können auch die Tatsache nicht ändern, dass Menschen in einer

bestimmten Weise handeln werden. Wir können nur eins tun, auf der einzigen Saite zu spielen, die wir haben, und das ist unsere persönliche Einstellung. Ich bin davon überzeugt, dass mein Leben zu 10 Prozent aus dem besteht, was mit mir geschieht, und zu 90 Prozent aus dem, wie ich darauf reagiere.«

aus: Charles Swindoll, *Das Geheimnis vom Leben, Lieben und Lachen. Ängste abbauen – Sorgen abgeben – Inneren Frieden finden.*

Für Swindoll besteht kein Zweifel daran, wie stark unsere Glaubenssätze unser Leben prägen. Wer erfolgreich sein will, muss sich klare Ziele setzen. Und wer seine Ziele erreichen will, muss daran glauben. Ich habe für mich einen »Glaubenssatz« gefunden, mehr noch: ein Lebensmotto, das mich ein Leben lang begleitet: Work hard, pray hard, give people vision. Ja, ich liebe meine Arbeit. Ja, das tägliche Gebet ist für mich Grundlage meiner Entscheidungen. Ja, ich liebe es, Menschen eine Zukunftsperspektive zu eröffnen.

Wie heißt Ihr positiver Glaubenssatz, Ihr Lebensmotto, das Sie sich einprägen wollen, um Ihr Ziel zu erreichen?

_____

_____

_____

Kein Zweifel besteht auch daran, dass man an einer positiven Einstellung arbeiten muss. Einige erfolgreiche Menschen mögen von Natur aus ein »sonniges Gemüt« haben. Die meisten aber haben irgendwann bemerkt, dass sie mit einer optimistischen Grundhaltung einfach mehr bewegen. Auch Sie können aktiv etwas für Ihre Einstellung tun.

Fragen Sie sich: Was möchte ich in Zukunft tun, um zu einer positiveren Einstellung, gerade auch in Jobfragen, zu gelangen? Zum Beispiel:

- Kontakte zu Kollegen knüpfen, die als Leistungsträger angesehen werden und die ihre Arbeit lieben;
- mich nicht mehr von der Fraktion notorischer Jammerer runterziehen lassen;

- die Krise als Chance sehen, mich im Unternehmen als Leistungsträger zu profilieren;
- mich weniger um den »Flurfunk« und mehr um eine erfolgreiche Arbeit kümmern;
- meine Erfolge würdigen – beispielsweise, indem ich mir jeden Abend vergegenwärtige, was gut gelaufen ist;
- Bücher lesen, die mich in meiner persönlichen Entwicklung voranbringen;
- Sport treiben (in den Ruderverein, Sprinter-Club eintreten, Entspannungstechniken lernen);

_____
_____
_____
_____

Bewegen Sie sich im Flow-Kanal

Mit dem Buch *Flow. Das Geheimnis des Glücks* ist dem ungarischstämmigen Amerikaner Mihaly Csikszentmihalyi ein Weltbestseller gelungen. »Flow« (deutsch: fließen) stellt einen Bewusstseinszustand dar, in dem man ganz in seiner momentanen Tätigkeit aufgeht und dabei seine Umgebung und die Zeit fast vergisst. Kinder erleben »Flow«, wenn

Der Flow-Kanal

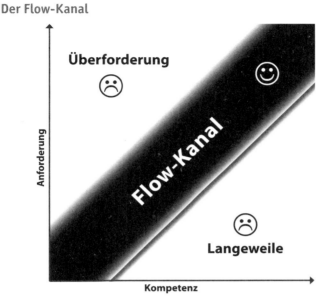

Quelle: Mihaly Csikszentmihalyi, *Flow. Das Geheimnis des Glücks*.

sie in ein Spiel oder in ein fesselndes Buch vertieft sind; Erwachsene kennen dieses Glücksgefühl, wenn sie von einer spannenden Aufgabe gepackt werden. Das kann die Lösung eines schwierigen Problems am Arbeitsplatz sein, aber auch die Vorbereitung eines Vier-Gänge-Menüs.

Das Gegenteil von Flow ist entweder Unterforderung – Langeweile – oder Überforderung – Angst. Flow entsteht also, wenn Kompetenz und Anforderung in einem vernünftigen Verhältnis zueinander stehen. Damit ist gleichzeitig klar: Wenn Sie Flow erleben möchten, kommen Sie nicht darum herum, sich in Ihre Wachstumszone zu wagen.

»Flow« als Kompass für die Zielfindung

Das Konzept des Flow-Kanals ist auch eine gute Hilfe im Bereich des Zielesetzens, und zwar sowohl für Fernziele als auch für die Nahziele, mit denen Sie den Weg dorthin abstecken:

Fernziel Ein Fernziel kann gar nicht anspruchsvoll genug sein. Wer seine Ziele zu niedrig ansetzt, bleibt lebenslang unter seinen Möglichkeiten. Erstaunliche Karrieren wurzeln in der Regel in hoch gesteckten Zielen. Arnold Schwarzenegger hätte es kaum von der österreichischen Provinz zum Mister Universum, von dort zum hoch bezahlten Actiondarsteller in Hollywood und schließlich zum Gouverneur von Kalifornien gebracht, wenn er sich mit moderaten Zielmarken zufriedengegeben hätte. Bill Gates soll sich irgendwann das Motto »ein Computer in jedem Haushalt« auf die Fahnen geschrieben haben. Wirkliche Erfolgsunternehmen wollen nicht nur ihren Umsatz steigern, sondern Marktführer werden. Und Mitarbeiter, die für ihren Arbeitgeber zum Juwel werden wollen, sind nicht nur »gut«, sie wollen »die Besten« sein, sie wollen gewinnen. Auf ihren geschätzten Beitrag wird der Chef gerade in Zeiten der Krise ungern verzichten, wenn es für das Unternehmen vielleicht sogar ums Ganze geht.

Ein würdiges Fernziel verursacht Kribbeln im Bauch. Stellen Sie sich intensiv vor, wie Sie sich fühlen werden, wenn Sie es geschafft haben: Wenn Sie ein tiefes Glücksgefühl durchströmt, sind Sie auf dem richtigen Weg!

Nahziele Wenn Ihre Nahziele zu ehrgeizig sind, manövrieren Sie sich in den Bereich der »Überforderung«. Sind sie dagegen zu anspruchslos, geraten Sie in den Bereich »Langeweile«. Deshalb sollten Sie sich mit Nahzielen weder über- noch unterfordern. Gute Nahziele sind so anspruchsvoll, dass Sie sich bei ihrer Verfolgung im Flow-Kanal bewegen. Dort arbeiten Sie voller Energie und hoch motiviert. Sie vergessen vielleicht sogar Raum und Zeit und stellen beim Blick auf die Uhr überrascht fest, dass es schon Mittag ist oder gar Abend! Wenn Sie sich überfordern, geraten Sie in Stress und bekommen bald Motivationsprobleme. Anders ausgedrückt: Sie rutschen in die Panikzone. Wenn Sie sich unterfordern, verharren Sie in der einschläfernden Routine Ihrer Komfortzone, und auch das drückt irgendwann auf die Stimmung. Denken Sie daran, wenn Sie mit Ihrem Chef Zielvereinbarungen treffen.

Das Flow-Konzept ist also sehr nützlich, wenn Sie planen, Ihre Komfortzone zu verlassen, um die Sicherheit Ihres Jobs aktiv anzugehen. Es ist ein zuverlässiger Kompass, der anzeigt, wo Sie sich gerade befinden und ob Sie – an Ihrem Arbeitsplatz oder innerhalb des Unternehmens – neue Wege einschlagen sollten.

Aktionsplan: So bekommen Sie mehr Flow in Ihr Leben!

Auch wenn wir uns später im Buch in Schritt 4 und Schritt 5 intensiver mit Ihrer beruflichen Situation und Ihren Zielen beschäftigen, ist es Zeit für eine erste Bestandsaufnahme: Wie viel Flow erleben Sie bereits? Füllen Sie dazu das Arbeitsblatt unten auf der Seite aus. Wenn Sie bei der ersten Frage 70 Prozent und mehr eintragen, lesen Sie nicht weiter. In allen anderen Fällen macht dieses Buch nicht nur Ihren Arbeitsplatz sicherer; es verschafft Ihnen gleichzeitig mehr Spaß im Job!

Beginnen Sie mit dem aktuellen Stand (Status quo): Fühlen Sie sich eher unter- oder überfordert? Oder sind Sie bereits (zumindest hin und wieder) im Flow? Wie viel Prozent Ihrer Arbeitszeit erleben Sie in diesem Zustand?

Aktionsplan: Mehr Flow

Ich fühle mich eher	☐	unterfordert
	☐	überfordert
Wie viel Prozent Ihrer Arbeitszeit erleben Sie im Flow?	___ Prozent	
Welche Aufgaben lösen bei Ihnen ein Flow-Erlebnis aus?	1._____	
	2._____	
	3._____	

Wie können Sie dafür sorgen, dass diese Aufgaben mehr Raum in Ihrem Arbeitsalltag bekommen? Ihre Ideen:	1. _____ 2. _____ 3. _____
Überlegen Sie, welche Strategien Ihnen mehr Flow verschaffen, wenn Sie sich bei der Arbeit oft langweilen. Können Sie sich zum Beispiel mehr planerische Aufgaben organisieren, die Sie stärker fordern? Können Sie Aufgaben delegieren, die Sie als bloße Routine erleben? Ihre Ideen:	1. _____ 2. _____ 3. _____

Wenn Sie sich überfordert fühlen, prüfen Sie, ob Ihre Etappenziele ein wenig herabgeschraubt werden können, ohne Ihr übergeordnetes Ziel aus den Augen zu verlieren. Wie könnten Abstriche aussehen, zum Beispiel	beim Zeitrahmen (Termine)?	_____
	bei der Zahl der Vorhaben?	_____
	im Anspruchslevel?	_____
	Sonstiges	_____

Denken Sie auch bei Überforderung über konkrete Strategien nach, die Abhilfe schaffen. Gibt es Arbeiten, die Sie delegieren können? Könnten Sie sich zusätzlich Unterstützung holen? Wäre professionelle Unterstützung (Coaching) nützlich? Bringen Sie gezielte Qualifizierungsmaßnahmen weiter?	1. _____ 2. _____ 3. _____

Service: Sie können dieses Arbeitsblatt auf der Webseite zu diesem Buch (*www.sobehaltensieihrenjob.de*) kostenlos herunterladen, ausdrucken und ausfüllen!

Denken Sie immer daran: Wer im Flow-Kanal schwimmt, hat keine Motivationsprobleme. Die Kunst ist es, sich bewusst dort hineinzubegeben – und dort zu bleiben!

Auf einen Blick

- Wenn Sie zum unentbehrlichen Topmitarbeiter werden wollen, müssen Sie Ihre Komfortzone verlassen.
- In der Wachstumszone ist es zwar nicht ganz so kuschelig, aber dafür sind Sie auf dem besten Weg, Ihren Arbeitsplatz dauerhaft zu sichern. Außerdem lernen Sie dazu, entwickeln sich weiter und genießen echte Erfolgserlebnisse.
- Meiden Sie die Panikzone, in die Sie sich durch überzogenen Ehrgeiz und zu hoch gesteckte Ziele manövrieren: Hier drohen Frust und Burnout.
- Raus aus der Komfortzone bedeutet: Blockaden überwinden, den inneren Schweinehund zähmen, eine positive Einstellung zu Ihrer Arbeit entwickeln und daran glauben, dass Sie den Erfolg des Unternehmens mitgestalten werden.
- Jenseits der Komfortzone werden Sie Flow erleben: fesselnde Aufgaben und tiefe Befriedigung statt Langeweile und Routine. Und last, but not least: Sie tragen zur Sicherheit Ihres Arbeitsplatzes mit Begeisterung bei!

Schritt 2: Den Chef verstehen. Werden Sie zum Lieblingsmitarbeiter Ihres Chefs

Wo ein Wille, da ein Weg.
Wo kein Wille, da eine Ausrede.
Sprichwort

Einführung: Schauen Sie sich in Ihrem Unternehmen um: Sehr wahrscheinlich gibt es dort ein paar nervtötende Kollegen, die Dienst nach Vorschrift schieben, viele Mitstreiter, die ordentlich ihre Arbeit tun, und einige wenige Topleute, die immer mehr leisten und erreichen als der Rest der Mannschaft. Man muss kein Hellseher sein, um zu wissen, wessen Stuhl im Falle eines Falles am ehesten wackeln wird. Je härter die Zeiten, desto schärfer wird der Blick in den Firmen für derartige Leistungsunterschiede – Mitarbeiter zu kategorisieren ist längst nichts Ungewöhnliches mehr. Tritt eine massive Krise auf und stehen Kündigungen im Raum, ist es für den Entscheider wichtig, auf derlei Einschätzungen zurückgreifen zu können. Sorgen Sie dafür, dass Sie zu den Topleuten gehören, und Sie sind praktisch unkündbar. Wie Sie das anstellen? Bieten Sie Ihrem Chef bestmöglichen Service! Denn Ihr Chef ist Ihr wichtigster interner Kunde. Wenn Sie die Aufgaben erfolgreich anpacken, die ihm wichtig sind, wenn Sie seine brennendsten Probleme lösen, werden Sie unentbehrlich.

Es gibt A-, B- und C-Mitarbeiter!

In vielen Unternehmen hat sich ein Einteilungsschema für Mitarbeiter durchgesetzt, mit dem auch ich seit Jahren erfolgreich arbeite und für das es ein gutes Bild gibt: Der A-Mitarbeiter zieht den Karren, der B-Mitarbeiter läuft nebenher und der C-Mitarbeiter sitzt obendrauf. Seien Sie versichert: Auch Ihr Chef liebt die Unterscheidung in A-, B- und C-Mitarbeiter. Selbst wenn er es anders nennt und von »Leistungsträgern«, »durchschnittlichen Mitarbeitern« und »Problemfällen« spricht, meint er dasselbe. Wollen Sie Ihren Job sichern und zum Juwel Ihrer Firma werden, so müssen Sie herausfinden, ob Sie in den Augen Ihres Chefs ein A-, ein B- oder ein C-Mitarbeiter sind – und daraus die entsprechenden Schlüsse ziehen.

Alle Organisationen, alle Unternehmen leben oder sterben mit der Frage, ob sie vorwiegend A-, B- oder C-Kräfte beschäftigen. Ich sehe A-Mitarbeiter als Hoffnungsträger, die Barrieren aus dem Weg räumen und den Aufschwung anschieben, die mit Naturkatastrophen und Wirtschaftskrisen fertig werden, die neue Konkurrenten willkommen heißen und in schwierigen Situationen das Ruder herumreißen können. Solche exzellenten Mitarbeiter ziehen weitere exzellente Mitarbeiter an, und das Unternehmen wird ständig erfolgreicher. Menschen machen den Unterschied zwischen Sieg und Niederlage. Und es gibt Menschen, die können nicht verlieren, deshalb gewinnen sie. Es sind diese Topmitarbeiter, die die Tore für das Unternehmen schießen.

Das ABC-Prinzip

Damit ist klar: Der Erfolg eines Unternehmens hängt wesentlich von wenigen exzellenten A-Mitarbeitern ab. Die Einteilung in verschiedene Mitarbeiter-Kategorien ist simpel und verläuft wie folgt:

Der A-Mitarbeiter zeigt exzellente Leistungen und erreicht gesetzte Ziele nicht nur, sondern übertrifft sie meistens noch. Er (oder sie, natürlich) besitzt ein hohes Maß an Eigeninitiative, ist überdurchschnittlich engagiert und erfolgreich. Wenn mir ein solcher Mitarbeiter begegnet, dann sage (oder denke) ich oft: Wow!

Kurz gesagt: In den Augen seines Chefs ist ein A-Mitarbeiter jemand, bei dem alles zu Gold wird. Solche Mitarbeiter können ihre Hand selbst auf einen Haufen Dreck legen, und es entsteht ein Goldberg.

Meine Einschätzung: Ein Mitarbeiter, auf den man eigentlich nicht verzichten kann.

Der B-Mitarbeiter wird in den USA auch »Nine-to-fiver« genannt: Er kommt pünktlich um 9 Uhr und geht genauso pünktlich um 17 Uhr nach Hause. In der Zwischenzeit arbeitet er zuverlässig, aber Überstunden sind nicht vorgesehen. Er ist willig, macht seine Arbeit und bringt keinen Sand ins Getriebe. Manchmal beweist er durchaus Eigeninitiative. Läuft mir ein solcher Mitarbeiter über den Weg, denke ich oft: Na ja ...

Kurz gesagt: In den Augen seines Chefs ist der B-Mitarbeiter jemand, der weder positiv noch negativ auffällt. Wenn er seine Hand auf Gold legt, dann bleibt das Gold; legt er seine Hand auf einen Haufen Dreck, bleibt es ein Haufen Dreck.

Meine Einschätzung: Eventuell ein Wackelkandidat, aber auch ein Mitarbeiter, bei dem nach oben (A) und unten (C) hin alles möglich ist.

Der C-Mitarbeiter trägt die Firmenphilosophie nicht mit, er hat innerlich gekündigt. Er ist destruktiv, hält andere von der Arbeit ab und demotiviert sie durch Nörgelei oder Schlamperei. Bei nüchterner Betrachtung kommt man daher zu der überraschenden Erkenntnis: Selbst wenn er umsonst arbeiten würde, wäre er zu teuer – denn er richtet Schaden an. Treffe ich auf einen solchen Mitarbeiter, fällt mir ein Wort ein, das ich besser nicht ausspreche.

Kurz gesagt: Ein C-Mitarbeiter ist ein Mitarbeiter, in dessen Händen sich ein anvertrauter Goldberg in einen Haufen Dreck verwandelt.

Meine Einschätzung: Da, wo er ist, kann dieser Mitarbeiter nicht bleiben. Wir stellen ihn vor die Entscheidung: Entweder es läuft zukünftig »my way« (er muss sich dramatisch in eine positive Richtung verändern) oder »highway« (unsere Wege müssen sich leider trennen).

An der Spitze ist noch viel Platz!

Wie viele A-, B- und C-Mitarbeiter gibt es? Mit dieser Frage hat sich Jack Welch, der weltbekannte frühere Chef von General Electric, schon vor 25 Jahren beschäftigt. Welch gilt als erfolgreichster Manager unserer Zeit. Er vervielfachte allerdings nicht nur den Umsatz des Unternehmens, sondern entließ innerhalb weniger Monate hunderttausend Mitarbeiter. Das trug ihm den Spitznamen »Neutronen-Jack« ein – in Anspielung auf die Neutronenbombe, die alles Leben auslöscht, Gebäude aber unversehrt lässt.

Für Welch war klar: Es gibt in jedem Unternehmen 10 Prozent A-Mitarbeiter, 25 Prozent B-Mitarbeiter und 65 Prozent C-Mitarbeiter. Einen Großteil der Mitarbeiter, die seiner Auffassung nach zur Kategorie »C« gehörten, feuerte Welch einfach. Welch setzte seine Sicht auch sonst konsequent in Managementkonzepte um. Er empfahl Unternehmen beispielsweise, sich jedes Jahr von den schlechtesten 10 Prozent der Mitarbeiter zu trennen und nach dem Prinzip »up or out« (hoch oder raus) zu verfahren, das heißt: Für gute Mitarbeiter geht es im Unternehmen aufwärts, für schlechte irgendwann nach draußen.

Nicht ganz so rigoros verfährt SAP, der größte Softwarehersteller Deutschlands. Hier arbeitet man nicht mit einer Dreier-, sondern einer Vierer-Einteilung. Laut »Excellence Survey«, den SAP seit einigen Jahren für sämtliche Mitarbeiter durchführt, gibt es im Unternehmen 2 Prozent High-Potentials (die möglichen Chefs von morgen; intern auch »Happy Hippos« genannt), 8 bis 10 Prozent Top-Performer (Menschen, die ihre Zielvorgaben deutlich übertreffen), 85 Prozent Achievers (Mitarbeiter, die ihre Zielvorgaben erreichen) und 3 bis 5 Prozent Under-Performer beziehungsweise Improver (Mitarbeiter, die ihre Zielvorgaben verfehlen).

Inzwischen sind wir bei solchen Unterscheidungen nicht mehr auf Schätzungen und Einzelerhebungen angewiesen. Die Gallup Organization, ein renommiertes, weltweit tätiges Meinungsforschungsinstitut mit Sitz in Omaha/Nebraska, hat sich des Themas angenommen

Schritt 2: Den Chef verstehen 49

Basis: Arbeitnehmer/innen ab 18 Jahre · Quelle: Gallup

und die »emotionale Bindung« von Mitarbeitern an ihr Unternehmen untersucht. Fragen nach der Arbeitszufriedenheit und danach, ob man die eigenen Produkte und Dienstleistungen empfehlen würde, geben Aufschluss darüber, wie motiviert Menschen an ihre Arbeit gehen. Aufschlussreich ist auch die Frage, ob man Freunden und Familienangehörigen empfehlen würde, sich auf offene Stellen beim eigenen Arbeitgeber zu bewerben.

Seit 2001 werden auch in Deutschland, Österreich und der Schweiz jährlich Befragungen durchgeführt. Die Ergebnisse sehen Sie im Schaubild oben. Die Wahrheit ist erschreckend – 2008 gab es in der Bundesrepublik

- 13 Prozent motivierte Mitarbeiter (Österreich: 19 Prozent, Schweiz: 19 Prozent): Diese Arbeitnehmerinnen und Arbeitnehmer zeigten eine starke emotionale Bindung zu dem, was sie täglich bei der Arbeit taten (A-Mitarbeiter).
- 67 Prozent Mitarbeiter mit eher »ambivalentem« Verhältnis zu ihrer Arbeit (Österreich: 66 Prozent, Schweiz: 73 Prozent), das heißt mit geringer emotionaler Bindung. Man könnte auch sagen, nicht motivierte Mitarbeiter (B-Mitarbeiter).
- 20 Prozent Mitarbeiter ohne jede emotionale Bindung an ihren Job oder sogar mit einer negativen Einstellung dazu (Österreich:

15 Prozent, Schweiz: 8 Prozent). Es handelt sich also um aktiv nicht motivierte Mitarbeiter (C-Mitarbeiter).

Was die hoch motivierten Mitarbeiter angeht, liegt Deutschland hinter Österreich und der Schweiz und weit hinter den skandinavischen Ländern oder den USA zurück. Es ist also durchaus nicht so, dass sich bei uns die A-Mitarbeiter drängeln. Ganz im Gegenteil: An der Spitze ist – auch oder gerade in wirtschaftlich turbulenten Zeiten – noch viel, viel Platz!

Darf man Mitarbeiter kategorisieren?

Vielleicht halten Sie die ABC-Einteilung für ethisch bedenklich. Menschen einfach in Schubladen zu sortieren ist einfach, möglicherweise zu einfach. Johannes Czwalina, Personalberater in der Schweiz, trommelt hin und wieder seinen Freundeskreis zusammen, um dann einen Tag lang Personalthemen zu diskutieren. In dieser Runde habe ich die ABC-Thematik vorgetragen. Ich war auf eine sehr kontroverse Diskussion gefasst, doch ganz im Gegenteil: Es herrschte große Einigkeit darüber, dass die ABC-Einteilung richtig ist. Warum? Hier die wichtigsten Argumente für eine ABC-Bewertung:

- Wer sich um eine Beurteilung der Mitarbeiter drückt, benachteiligt die Engagierten und Fleißigen. Ihr Einsatz wird nicht angemessen honoriert, und das ist nicht fair.
- Ein Unternehmen, das im harten Wettbewerb bestehen will, kann sich nicht zu viele C-Mitarbeiter leisten. Mit schlechten Arbeitsergebnissen und Nörgelei demotivieren sie Kollegen, die im schlimmsten Fall selbst zu C-Mitarbeitern werden. Ein C-Mitarbeiter mit Personalverantwortung stellt womöglich sogar weitere C-Mitarbeiter ein. Deshalb ist es besser, sich von hartnäckigen Leistungsverweigerern zu trennen, als die Zukunft der Firma zu gefährden.

- Jeder von uns ist in Schule und Ausbildung »kategorisiert« worden – durch Noten. War das gemein oder gar menschenverachtend? Ich denke nicht. Fair gehandhabt sorgen Noten für Klarheit und zeigen, wo man steht. Dadurch hat man die Chance, sein Verhalten zu ändern. Genauso ist es mit der Bewertung von Mitarbeitern: Richtig eingesetzt ist sie eine wertvolle Rückmeldung. Wer weiß, wie seine Leistung beurteilt wird, kann sein Verhalten ändern und seine Situation verbessern.
- Auch bei Anwendung des ABC-Prinzips muss kein Mitarbeiter hinten herunterfallen. Wenn ein Mitarbeiter schlechte Leistungen bringt oder Dienst nach Vorschrift macht, sollte das Anlass sein, gemeinsam nach den Ursachen zu suchen. Gibt es sachliche Gründe für dieses Verhalten? Hat der Mitarbeiter nicht die Möglichkeit, sich zu entfalten? Ist ein Training sinnvoll?
- Oft ist ein C-Mitarbeiter nur am falschen Platz: Seine Stärken und seine aktuelle Aufgabe passen nicht zusammen. Eine sehr kritische Beurteilung kann Anlass sein, über andere Aufgaben nachzudenken – und so einen C-Mitarbeiter plötzlich zur Perle der Abteilung werden lassen.

Den letzten Fall habe ich in meinem Unternehmen selbst erlebt. Vor Jahren hatten wir einen Mitarbeiter, der sich eindeutig wie eine C-Kraft aufführte. Er machte seine Arbeit nicht und erzählte seinen Kollegen, er würde »noch mal richtig auf den Putz hauen und sich dann mit einem goldenen Handschlag (also einer Abfindung) verabschieden«. Bei genauerem Hinsehen zeigte sich, dass der Mitarbeiter schlicht an der falschen Stelle eingesetzt war. Er hatte keinen Freiraum, sondern musste genau tun, was man ihm sagte. Deshalb ging er auf die Barrikaden. Er wurde dann an eine Stelle versetzt, an der er Gestaltungsspielraum hatte und sich mit seinen Ideen viel besser einbringen konnte. Dort konnte er seine vorhandenen A-Fähigkeiten ausleben. Er arbeitet noch heute für uns.

Sie wollen herausfinden, in welche Mitarbeiterkategorie Sie fallen? Nichts ist einfacher als das. Lesen Sie die Beschreibungen auf dieser und der nächsten Seite und kreuzen Sie jeweils A, B oder C an. Zählen Sie dann, wo Sie die meisten Treffer haben. Die Auswertung finden Sie im Anschluss auf Seite 54.

Test: Sind Sie ein A-, B- oder C-Mitarbeiter?

Begabung	A-Mitarbeiter		B-Mitarbeiter		C-Mitarbeiter	
Ziele setzen	Ich stecke mir ehrgeizige Ziele und setze diese auch um.	☐	Meine Ziele sind nicht immer durchdacht und oft wenig realistisch.	☐	Ziele??? Ich beschäftige mich eher damit, das Bisherige zu bewältigen.	☐
Prozesse verbessern	Ich liebe den Wandel und schiebe gerne Veränderungen mit an.	☐	Wandel ist angesagt, aber nur vorsichtig und in kleinen Schritten.	☐	Am liebsten ist mir, wenn alles beim Alten bleibt.	☐
Einsatz	Ich engagiere mich sehr stark und entscheide zügig. 50 Wochenstunden sind für mich normal.	☐	Mein Engagement ist durchschnittlich bis hoch. 45 bis 50 Wochenstunden sind für mich normal.	☐	Mein Arbeitstempo schwankt. Mehr als 40 Stunden in der Woche sind bei mir nicht drin.	☐

Selbstständigkeit	Hindernisse sind für mich Herausforderungen. Ich setze in meiner Arbeit gerne neue Maßstäbe und führe erfolgreich neue Sichtweisen ein.	☐	Ich finde immer wieder neue Lösungen.	☐	Ich arbeite am liebsten nach genauen Anweisungen.	☐
Kundenbezug	Der Kunde ist für mich König – ohne Wenn und Aber.	☐	Kundenorientierung ist wichtig, aber im Alltag nicht immer umsetzbar.	☐	Kunden sind oft schwierig und haben überzogene Ansprüche.	☐
Teamarbeit	Es gelingt mir, erfolgreiche Teams zusammenzuschweißen und andere mitzureißen.	☐	Ich arbeite problemlos im Team mit.	☐	Teamarbeit finde ich lästig. Streit und Einzelaktionen lassen sich kaum vermeiden.	☐
Ziele erreichen	Ich bin stolz darauf, häufig die Erwartungen von Chefs, Kollegen und Kunden zu übertreffen.	☐	Ich erreiche vereinbarte Ziele fast immer.	☐	Ich erreiche vereinbarte Ziele hin und wieder.	☐
Integrität	Absolute Ehrlichkeit und Transparenz sind mir wichtig.	☐	Ich bin meistens ehrlich.	☐	Man muss auch mal fünf gerade sein lassen und sich die Dinge ein bisschen hinbiegen.	☐
Kommunikation	Ich kann mich überdurchschnittlich gut mündlich wie schriftlich ausdrücken.	☐	Ich kann mich durchschnittlich gut mündlich wie schriftlich ausdrücken.	☐	Ich kann mich im Allgemeinen akzeptabel mündlich wie schriftlich ausdrücken.	☐

Service: Sie können den Test auf der Webseite zu diesem Buch (*www.sobehalten siehrenjob.de*) kostenlos herunterladen, ausdrucken und ausfüllen!

Auswertung

A-Mitarbeiter Beeindruckend! Eigentlich sind Sie bereits am Ziel. Mit anderen Worten: Sie sind unkündbar, die Perle des Unternehmens. Aber auch ein Kandidat wie Sie sollte sich seiner Sache nie zu sicher sein und die eigene Leistungsfähigkeit sowie das Engagement für die Firma beständig neu überprüfen – vor allem dann, wenn gerade alles und jeder auf dem Prüfstand steht!

Was tun, wenn Ihr Chef Ihr Engagement nicht würdigt, obwohl Sie sicher sind, ein A-Mitarbeiter zu sein? Versuchen Sie, seine Wertschätzung zu erlangen, indem Sie ihn verstärkt auf Ihre Leistungen hinweisen. Und wenn alles nichts hilft, sollten Sie im Unternehmen nach neuen Herausforderungen suchen oder sich doch nach einem anderen Job umsehen. Spitzenkandidaten werden auch in Zeiten des Umbruchs eine neue Chance anderswo erhalten, wo man ihre Fähigkeiten mehr zu schätzen weiß. Aber das sollte tatsächlich nur die letzte Option sein!

B-Mitarbeiter Im Moment sind Sie noch in sicheren Gefilden, aber das wird möglicherweise nicht mehr lange anhalten. Sie tun Ihre Pflicht, sicher. Dummerweise werden Maschinen immer intelligenter und haben es genau auf Ihren Job abgesehen. Sollte sich Ihr Unternehmen darüber hinaus in unsicheren Gewässern befinden und über Rationalisierungsmaßnahmen im Personalbereich verstärkt nachdenken, ist auch Ihre Position gefährdet.

Wie kommen Sie heraus aus dieser unsicheren Lage? Machen Sie sich bewusst, wo Ihre drei bis fünf Schwächen liegen, und unternehmen Sie gezielt etwas dagegen. Übrigens: Scheuen Sie sich nicht, Ihre Vorschläge mit Ihrem Chef zu besprechen und gemeinsam Ihren Plan zu optimieren: Ihr Boss wartet dringend auf ein Zeichen, dass Sie dabei sind, sich in Richtung A zu entwickeln. Denken Sie an den C-Mitarbeiter, der in meiner Firma über ein neues Einsatzgebiet den Weg nach oben doch noch gefunden hat. Das ist auch für Sie möglich!

C-Mitarbeiter Die erste Frage, die Sie sich stellen müssen, ist: Können Sie nicht besser, oder wollen Sie nicht? Wenn Sie innerlich gekündigt haben, wenn Sie die Werte der Firma nicht akzeptieren, wenn Ihre Aufgaben Sie anöden, dann wollen Sie eindeutig nicht mehr leisten. Sie gehen das Risiko ein, dass Ihr Chef Ihnen bei nächster Gelegenheit zu verstehen gibt: »Tschüss, dort ist die Tür!« Können Sie das riskieren?

Wenn Sie sich bemühen, aber bislang nicht mehr leisten *konnten*, ist es ähnlich wie bei B-Mitarbeitern: Machen Sie einen Plan, wie Sie sich entwickeln können, besprechen Sie ihn mit Ihrem Chef, und er wird Ihnen mit Sicherheit eine Chance geben. Wenn Sie seine Erwartungen nicht enttäuschen, gibt es auch für Sie die Möglichkeit, dauerhaft im Unternehmen zu bleiben und sich dort zu einem zuverlässigen Mitarbeiter zu entwickeln. Vielleicht ist schon der Wechsel in eine andere Abteilung motivierend für Sie. Spielen Sie alle Varianten durch, bevor Sie an einen Jobwechsel denken.

Betrachten Sie Ihren Chef als wichtigen Kunden

Aus vielen Jahren Personalerfahrung weiß ich, wie wichtig es ist, sich in seine Mitarbeiter hineinzuversetzen – sich ihren Arbeitsplatz mit ihren Augen anzusehen und auch den Chef (also mich) einmal aus ihrer Perspektive zu betrachten. Der Effekt: Ich kann Probleme, sei es eine Unterforderung oder eine Überlastung des Mitarbeiters, besser erkennen und weiß, was auch ich als sein Vorgesetzter zu einer positiven Entwicklung beitragen kann. Zu einem solchen Perspektivwechsel möchte ich Ihnen ebenfalls raten – nur in die andere Richtung.

Jeder von uns weiß, wie ein guter Kunde zu behandeln ist. Wir werden ihm mit Respekt und Anerkennung begegnen, mehr noch, wir werden ihm jeden Wunsch von den Augen ablesen. Schließlich ist er der Einzige, der Rechnungen bezahlt und somit unsere Existenz sichert. Das gilt nicht nur für externe Kunden. Ihr Vorgesetzter ist Ihr interner Kunde und mindestens ebenso wichtig. Letztlich entscheidet er auch mit darüber, wer im Unternehmen bleibt und wer es in schwierigen Zeiten verlassen muss. Daraus folgt: Ihr Ziel sollte sein, ihn von Ihrer Leistung zu überzeugen und ihn immer wieder positiv zu überraschen. Möglicherweise haben Sie Ihren Vorgesetzten noch nie aus dieser »Kundenperspektive« gesehen und fragen sich, wie Sie Ihren neuen Schlüsselkunden am besten zufriedenstellen. Dazu müssen Sie seine Erwartungen kennen. Was Chefs wirklich wollen, verrät die Checkliste auf Seite 57. Kreuzen Sie an, welche der Eigenschaften und Verhaltensweisen auf Sie zutreffen.

Checkliste: Erfüllen Sie die 13 wichtigsten Erwartungen Ihres Chefs?

Welche der folgenden Eigenschaften und Verhaltensweisen treffen auf Sie zu?	Ja	Nein
Sie haben Freude an Ihrer Arbeit, und das merkt man Ihnen auch an.		
Sie sind bereit, Überstunden zu leisten, wenn das erforderlich ist.		
Sie besuchen betriebsinterne Veranstaltungen (Betriebsversammlungen, Weiterbildungen, den Neujahrsempfang usw.).		
Sie kennen die ungeschriebenen und offiziellen Spielregeln im Unternehmen.		
Sie identifizieren sich mit der Firmenphilosophie und stehen voll zum Unternehmen – während der Arbeit, aber auch privat.		
Sie sind Ihrem Chef gegenüber ehrlich und loyal.		
Sie legen Wert auf Pünktlichkeit und halten daher selbst Ihre Termine ein.		
Sie behalten vertrauliche Informationen für sich.		
Andere Menschen stufen Sie als zuverlässig ein.		
Sie strengen sich an, jeden Tag eine gute Arbeitsleistung zu erbringen.		
Sie behalten einen kühlen Kopf, wenn Schwierigkeiten oder Konflikte auf Sie zukommen.		
Sie merken, wenn »Not am Mann« ist, und helfen Ihren Kollegen ohne viel Aufhebens.		
Sie haben Ihr Aufgabengebiet vollständig im Griff.		

Service: Sie können diese Checkliste auf der Webseite zu diesem Buch (*www.sobehaltensieihrenjob.de*) kostenlos herunterladen, ausdrucken und ausfüllen!

Konnten Sie alle 13 Erwartungen uneingeschränkt bejahen? Dann haben Sie Ihren Arbeitsplatz grundsätzlich gut abgesichert. Wo haben Sie mit »Nein« geantwortet? Hier besteht Handlungsbedarf: Notieren Sie diese Fragen und überlegen Sie, wie Sie das ändern können.

Praxistipps: Wie Sie Ihren Chef begeistern

Die kurze Checkliste auf Seite 57 gibt Ihnen einen Vorgeschmack auf die Erwartungshaltung Ihres Chefs. Im Folgenden habe ich einige Verhaltensweisen zusammengestellt, mit denen Sie im Arbeitsalltag weitere Pluspunkte sammeln.

Seien Sie Spezialist auf Ihrem Gebiet Das Wichtigste ist natürlich, dass Sie Ihre Arbeitsaufgaben fachlich fest im Griff haben. Damit ist gemeint, dass Sie jede Aufgabe, die in Ihren Bereich fällt, souverän meistern. Dafür werden Sie schließlich bezahlt: Ihr Chef hat Sie eingestellt, damit Sie ihm einen Teil seiner Arbeit abnehmen – eigentlich selbstverständlich.

Mein Tipp: Arbeiten Sie zuverlässig und tun Sie alles, um fachlich fit zu bleiben. Das fängt beim Lesen von Fachzeitschriften an, geht beim Besuch von Seminaren weiter und endet bei der Übernahme anspruchsvoller Arbeiten. Sie werden sehen: Man wächst an seinen Aufgaben!

Handeln Sie eigenverantwortlich Der Chef erwartet zu Recht von Ihnen, dass Sie Ihre Projekte eigenverantwortlich und selbstständig erledigen. Schließlich hat er selbst (mehr als) genug zu tun. Was er stärker fürchtet als alles andere sind Rückdelegationen, denn Mitarbeiter, die ihn bei jeder Kleinigkeit um Hilfe bitten und mit Fragen löchern, hat er schon genug. Die meisten Vorgesetzten sind daher froh, Aufgaben abgeben zu können und nicht jedes Detail nachprüfen zu müssen. Entscheiden Sie also Fragen, die in Ihren Bereich gehören, selbst. Machen Sie sich zügig an die Umsetzung. Bei wichtigen Angelegenheiten, die Sie nicht allein entscheiden können, freut sich Ihr Chef über qualifizierte Entscheidungshilfen – etwa über eine Zusammenstellung relevanter Informationen oder Pro- und Contra-Argumente. So geben Sie ihm das Gefühl, dass er sich auf Sie verlassen kann, und zeigen nebenbei, was Sie so alles draufhaben.

Mein Tipp: Nehmen Sie Ihrem Chef durch selbstständige Entscheidungen ein Stück Verantwortung ab! Gerade wenn er unter großem Druck steht, wird er das zu schätzen wissen.

Handeln Sie kundenorientiert Es ist ganz entscheidend, dass Sie Ihre Kunden hundertprozentig zufriedenstellen: Der Kunde zahlt schließlich Ihr Gehalt! Er bleibt Ihrem Unternehmen nur treu, wenn er nicht nur mit dem Produkt zufrieden ist, sondern auch mit der Art und Weise, wie er von Ihnen ganz persönlich behandelt wird. Das »Deutsche Marketingbarometer« belegt mit Zahlen, warum Unternehmen Kunden verlieren: 2 Prozent der Kunden sterben, 10 Prozent ziehen weg, 18 Prozent setzen neue Gewohnheiten um, aber ganze 70 Prozent der Kunden wechseln den Anbieter, weil der Service nicht stimmt! Behandeln Sie Ihre Kunden also tatsächlich wie Könige! Tun Sie es nicht, sägen Sie womöglich an dem Ast, auf dem Sie sitzen möchten.

Mein Tipp: Begeisterte Mitarbeiter schaffen begeisterte Kunden, und begeisterte Kunden schaffen weitere begeisterte Kunden. Kundenorientierung ist daher ein wichtiges Mittel, Ihren Arbeitsplatz zu sichern: Sie können ziemlich sicher sein, dass es sich zu Ihrem Chef herumspricht, wie freundlich und kompetent man von Ihnen bedient wird.

Seien Sie teamfähig Bringen Sie sich in das Team ein, bemühen Sie sich um gute Zusammenarbeit. Machen Sie nicht den beliebten Fehler, Ihr Umfeld ändern zu wollen: Erwachsene lassen nicht mehr an sich herumziehen. Sie machen es sich einfacher, wenn Sie Ihr Umfeld so akzeptieren, wie es ist. Sollten Sie auffallen, dann möglichst durch positive Arbeitsleistung, niemals durch Intoleranz, verletzende Kritik oder die Missachtung von Zuständigkeiten. Halten Sie mit interessanten Informationen nicht hinter dem Berg. Bringen Sie eigene Vorschläge ein, und respektieren Sie die Meinung Ihrer Kollegen.

Mein Tipp: Je mehr man Sie im Team respektiert und schätzt, desto größer sind Ihre Einflussmöglichkeiten. Vertreten Sie deshalb Ihre Meinung, ohne sie anderen aufzudrängen! Auch Ihr Chef wird es zu schätzen wissen, dass Sie sich nicht als Einzelkämpfer präsentieren.

Reagieren Sie flexibel Unsere Arbeitswelt wird immer komplexer und in Krisenzeiten überschlagen sich schon einmal die Ereignisse. Das erfordert rasches und situationsgerechtes Handeln; Dienst nach Vorschrift reicht schon lange nicht mehr. Wirklich gute Mitarbeiter reagieren auf aktuelle Anforderungen zeitnah und flexibel. Erledigen Sie zum Beispiel ganz selbstverständlich wichtige Arbeiten eines plötzlich erkrankten Kollegen. Oder bleiben Sie bei einem unerwarteten Großauftrag vorübergehend abends länger da, ohne dass Ihr

Chef Sie lange bitten muss. Seien Sie sicher: Er wird sich an diesen persönlichen Sondereinsatz erinnern.

Mein Tipp: Seien Sie bereit für Überraschendes und neue Herausforderungen; nehmen Sie auch mal Belastendes in Kauf! Ihr Chef wird es Ihnen an anderer Stelle danken.

Lassen Sie sich nicht entmutigen Ein kluger Mensch hat einmal gesagt: »Sieger sind Menschen, die ein Mal mehr aufstehen als hinfallen.« Wie gehen Sie im Allgemeinen mit Rückschlägen um? Bleiben Sie liegen oder stehen Sie wieder auf? Rückschläge und Misserfolge gehören zum Leben dazu. Entscheidend ist, die nötige Ausdauer und Motivation aufzubringen, weiter am Ball zu bleiben, bis die Aufgabe erledigt ist. Natürlich ist das einfach gesagt und schwer getan. Sie werden jedoch die Erfahrung machen, dass gerade die hart erkämpften Siege am meisten beflügeln. Halten Sie deshalb an einmal gesteckten Zielen fest – nicht verbissen, aber konsequent. Denken Sie auch über alternative Wege zum Ziel nach, wenn sich der Erfolg partout nicht einstellen will. Besprechen Sie mit Ihrem Chef mögliche Strategien und lassen Sie nicht gleich den Kopf hängen.

Mein Tipp: Liegen bleiben kann jeder – einmal mehr aufstehen als hinfallen ist es, was zählt! Mit Hartnäckigkeit und Ausdauer erwerben Sie sich den Respekt Ihres Chefs. Er muss wissen, dass Sie sich nicht so leicht entmutigen lassen.

Strahlen Sie Optimismus aus Der Muntermacher im Unternehmen zu sein und gute Laune zu verbreiten fällt nicht immer leicht – auch Ihrem Chef nicht. Unterstützen Sie ihn dabei! Das beginnt bei einem freundlichen »Guten Morgen« für jedermann, geht weiter bei Komplimenten für die Leistung anderer und endet bei einer super Arbeitsleistung. Es ist wie ein angenehmer Duft, wenn Sie ausstrahlen: Ich bin gerne hier! Davon profitiert das ganze Team und damit auch das ganze Unternehmen.

Mein Tipp: Lassen Sie andere an Ihrem Optimismus teilhaben – es lohnt sich, denn Sie bekommen zurück, was Sie ausstrahlen. Wer freundlich und positiv auf die Welt zugeht, wird netter behandelt als ein schlecht gelaunter Miesmacher. Und wenn die Stimmung in der Firma gerade wegen negativer Nachrichten getrübt ist, kann eine Portion Optimismus durchaus guttun – wohldosiert selbstverständlich!

Seien Sie die Visitenkarte Ihres Unternehmens Sind Sie sich Ihrer Außenwirkung bewusst? Ihr Auftreten prägt das Image des Unternehmens – Ihr Äußeres, Ihre Kleidung und Ihr Benehmen ebenso wie das, was Sie sagen. Für Kunden sind Sie die Meyer KG oder die Müller GmbH; und im Freundes- und Bekanntenkreis hört man sehr genau auf das, was Sie über Ihren Arbeitgeber sagen. Reden Sie in Ihrer Freizeit positiv über das Unternehmen? Welches Bild vermitteln Sie? Fragen Sie sich deshalb regelmäßig, ob Ihr Auftreten mit Ihrer Einstellung zum Unternehmen übereinstimmt und ob Sie eine gute Visitenkarte für Ihre Firma oder Institution abgeben.

Mein Tipp: Vertreten Sie Ihr Unternehmen so, als ob es Ihr eigenes wäre! Heben Sie sich positiv von Menschen ab, die schlecht über Ihren Arbeitgeber reden. Davon gibt es schon genug. Und sie werden die Ersten sein, die ihren Hut nehmen müssen, sollte es der Firma schlecht gehen. Gerade dann braucht es loyale Mitarbeiter – wie Sie.

Denken Sie mit Der Nachteil einer Maschine ist, dass sie nur tut, wozu sie programmiert ist. Irgendwann wird sie deshalb gegen ein neues Modell ausgetauscht. Im Unterschied dazu sind gute Mitarbeiter unersetzlich, weil Sie mitdenken und kreativ sind. Weniger gute Mitarbeiter hingegen handeln wie Gewohnheitstiere nach Schema F (»Das haben wir schon immer so gemacht!«). Verlassen Sie also Ihre Komfortzone (siehe Kapitel 1). Lösen Sie Ihre Aufgaben nicht immer nach demselben Muster, überdenken Sie auch bewährte Verfahren. Vielleicht haben Sie eine Idee, wie es schneller oder besser laufen könnte? Heben Sie sich durch ständiges Mit- und Überdenken positiv von anderen ab.

Mein Tipp: Warum setzen Sie sich nicht zum Ziel, jeden Monat mindestens einen Verbesserungsvorschlag zu machen? Funktioniert er, wird Ihr Vorgesetzter Sie als innovativen Problemlöser einstufen.

Rechnen und sparen Sie mit Behalten Sie bei allem, was Sie tun, die Kosten für Ihre Firma im Hinterkopf. Sie wissen gar nicht, was Ihre Arbeitsstunde das Unternehmen kostet? Das lässt sich einfach überschlagen (In diesem Beispiel gehen wir von einer 40-Stunden-Woche aus. Übertragen Sie die Beispielwerte einfach auf Ihre Arbeitszeit.): Überlegen Sie, was Ihr Handwerker (zum Beispiel Ihr Automechaniker oder Klempner) Ihnen pro Stunde berechnet – 50 Euro? Und was verdient der wohl im Monat? Vielleicht 2 000 Euro? Dann nehmen wir einmal an, Sie verdienen 3 000 Euro im Monat – damit kosten Sie das Unternehmen etwa 75 Euro pro Stunde. Das heißt, ein Telefonat von 15 Minuten kostet Ihren Arbeitgeber etwa 20 Euro, einen Brief zu schreiben (30 Minuten) etwa 40 Euro. Wenn man sich diese Beträge klarmacht, wird man sensibler für vermeidbare Verschwendung. Und die gibt es als Zeitverschwendung genauso wie bei Schreibwaren oder bei der Buchung eines Mietwagens. Wenn Sie es schaffen, Ihre Arbeit schneller und besser als geplant zu erledigen, werden Sie Ihren Chef positiv überraschen.

Mein Tipp: Handeln Sie kostenbewusst und schauen Sie, dass Sie entweder mehr Geld reinholen oder dass weniger Geld rausfließt! Und wenn Rationalisierungen und Einsparungen sowieso gerade auf der Agenda stehen, sammeln Sie mit Ihren Maßnahmen einmal mehr Pluspunkte.

Werden Sie zum Problemlöser Ihres Chefs

Ihr Chef hat, wie jeder von uns, genug eigene Probleme. Manchmal steht sogar das Überleben der Firma und damit das Schicksal vieler Mitarbeiter auf dem Spiel. Deswegen gilt: Ihr Chef sucht *Problemlöser*, nicht *Problemmacher*! Problemmacher versagen selbst bei durchschnittlichen Aufgaben, sie tun nur das, was ihnen gesagt wird, müssen ständig kontrolliert, ermahnt, angeleitet, »motiviert« werden. Sie sind einfach anstrengend und daher von der nächsten Kündigungswelle mit ziemlicher Sicherheit betroffen. Problemlöser dagegen unterstützen ihren Chef bei der Verwirklichung seiner Ziele. Sie erledigen ihre Arbeit zuverlässig und gewissenhaft – und haben darüber hinaus ein Auge dafür, wo etwas im Argen liegt. Sie engagieren sich über das normale Maß hinaus und versuchen jeden Tag aufs Neue, ihrem Boss den Tag so einfach wie möglich zu machen. Sie verstehen ungelöste Probleme als Chancen. Für Menschen, die so denken, entstehen jeden Tag Dutzende von neuen Chancen. Noch nie gab es so viele Probleme wie in unserer hektischen, sich ständig wandelnden und von Krisen geschüttelten Arbeitswelt. Und diese Probleme warten auf ihren Problemlöser.

Es geht also nicht nur darum, »Ihren Job« zu machen. Ihr Ziel besteht darin, der ständige Problemlöser Ihres Chefs zu werden. Das bedeutet: wachsam sein. Ihre Aufgabe ist es, zu erkennen, was Ihren Chef belastet – wo ihm der Kittel brennt. Wenn Sie den »Kittelbrennfaktor« erkannt haben, ist es an Ihnen, sich mit der Lösung des Problems zu beschäftigen. Damit sind Sie dem B-Mitarbeiter eine Nasenlänge und dem C-Mitarbeiter um Lichtjahre voraus. Ähnlich wie ein Verteidiger im Fußball, der die Bälle aus dem Strafraum schlägt, müssen Sie die Probleme von Ihrem Chef fernhalten. Übrigens: Eine bewährte Erfolgsformel lautet, 10 Prozent der eigenen Zeit in die Analyse von Problemen zu investieren und 90 Prozent der Zeit in die Lösungsfindung und -umsetzung zu stecken. Otto Normalmitarbeiter geht genau andersherum vor – also zeitaufwendig und ineffektiv.

Aktionsplan: Zum Problemlöser werden

Erfahrene Problemlöser gehen systematisch und zielstrebig vor. Bewährt hat sich diese Schrittfolge:

Schritt für Schritt: Probleme erkennen und anpacken

Worauf kommt es bei den einzelnen Schritten an? Im Folgenden einige Hinweise:

Erkennen Sie das Problem Halten Sie Augen und Ohren offen und versetzen Sie sich in die Lage Ihres Chefs. Probleme werden Sie dann nicht lange suchen müssen. Wo hakt es bei Arbeitsabläufen immer wieder? Worüber ärgert sich Ihr Chef lautstark? Was wird immer auf den letzten Drücker und in großer Hektik erledigt? Was wäre viel einfacher, wenn (wenn es eine Checkliste gäbe, nach der alle verfahren; wenn jemand einfach mal die Adressdatei aktualisieren würde; wenn im Intranet entsprechende Formulare zu finden wären und so weiter). In jeder Abteilung gibt es zudem Dinge, die in die Rubrik »Man müsste mal« gehören. Packen Sie sie an! Gehen Sie auf »Schatzsuche« und graben Sie Probleme aus.

Bewerten Sie das Problem Bevor Sie aktiv werden, stellen Sie sich die Frage: Wie akut ist das Problem für Ihren Chef tatsächlich? Für die Lösung von Fragen, die Ihr Boss für nebensächlich hält, ernten Sie kaum Lorbeeren. Er wird jedoch garantiert auf Sie aufmerksam, wenn Sie einen Riecher dafür haben, welche Probleme ihm am stärksten unter den Nägeln brennen. Das kann der Newsletter sein, mit dem er Kunden regelmäßig informieren will, weil das die Konkurrenz schon lange tut (was er regelmäßig seufzend feststellt). Es kann aber auch eine neue Produktidee sein, wenn der bisherige Umsatzbringer sich langsam schlechter verkauft. Natürlich sollten Sie nichts in Angriff nehmen, was Ihre Fähigkeiten übersteigt: Seien Sie mutig, aber überschätzen Sie sich nicht.

Analysieren Sie das Problem Konzentrieren Sie sich auf das Problem, machen Sie sich mit voller Energie an die Erarbeitung von Lösungsvorschlägen. Hilfreich ist es, ein Problem in Teilprobleme zu zerlegen. Auch die folgenden Fragen haben sich bei der Problemanalyse bewährt:

- Wie ist das Problem entstanden?
- Seit wann existiert das Problem?
- Wer ist betroffen und würde eine Lösung begrüßen?

- Wer kennt sich aus und könnte Ideen beisteuern?
- Hat sich schon mal jemand an dem Problem versucht? Mit welchem Ergebnis?
- Wer könnte gegen eine mögliche Lösung sein, weil er vom aktuellen Zustand profitiert?

Spitzen Sie das Problem zu Jetzt ist es an der Zeit, sich auf das wirklich Wesentliche zu konzentrieren: Worum geht es bei dem Problem im Kern? Blenden Sie Nebensächlichkeiten und nachrangige Details aus. Eine gute Übung dafür ist, das Problem in einem Satz zu beschreiben. Beispiel: »Bisher hat es keiner geschafft, pünktlich einmal im Monat einen informativen Newsletter zu erstellen, den wir über unseren Kundenverteiler mit 20 000 E-Mail-Adressen versenden können.«

Sammeln Sie Lösungsideen Sammeln Sie so viele Ideen wie möglich für die Problemlösung, machen Sie sich schlau. Oft bietet sich für den Einstieg ein Brainstorming mit Kollegen an, bei dem Sie Lösungsvorschläge zusammentragen, ohne sie gleich zu bewerten: Quantität ist erst einmal wichtiger als Qualität, aussortiert wird später. Tauschen Sie sich auch mit »fachfremden« Menschen aus, fragen Sie nach ihrer Meinung. Jede zusätzliche Anregung ist nützlich, gleichgültig, ob sie vom Azubi oder vom Gruppenleiter kommt.

Wählen Sie die beste Idee aus Nun müssen Sie sich entscheiden. Welche Lösung ist die einfachste und effektivste, die billigste, die praktikabelste? Welches dieser Kriterien wiegt in der aktuellen Situation in Ihrem Unternehmen am schwersten: Muss es beispielsweise vor allem schnell gehen oder vor allem preiswert sein?

Machen Sie einen Probelauf Wenn Sie sich für die beste Ihrer Ideen entschieden haben, sind Sie schon einen entscheidenden Schritt weiter. Jetzt geht es an die praktische Umsetzung. Bevor Sie dem Chef Ihre Lösung vorstellen, machen Sie möglichst einen Probelauf: Was meinen die Kollegen zum monatlichen Newsletter, den Sie entwickelt haben? Wie kommen die Texte an? Wie die Gestaltung? Können Sie die Inhalte, die Sie dafür brauchen, rechtzeitig aus den verschiedenen Abteilungen bekommen?

Optimieren Sie Ihren Lösungsvorschlag Möglicherweise haben Sie beim Probelauf Mängel an Ihrem Lösungsweg festgestellt. Jetzt ist noch Gelegenheit zur Verbesserung. Erst dann sollten Sie Ihrem Chef die endgültige Lösung vorstellen. Um Ihre zukünftige Arbeitsweise zu optimieren, gehen Sie an dieser Stelle die Hindernisse auf dem Weg zur Lösung noch einmal in Gedanken durch. Halten Sie schriftlich fest, wo es gehakt hat und wie Sie Schwierigkeiten überwunden haben. Bestimmt profitieren Sie davon bei der Lösung der nächsten Probleme – ganz nach dem Motto: »Man muss ja nicht denselben Fehler zwei Mal machen. Es gibt genügend neue!«

Formulieren Sie Ihre Lösung und präsentieren Sie sie dem Chef Bereiten Sie sich auf die Vorstellung Ihrer Lösung beim Chef vor. Denken Sie daran, dass die Zeit Ihres Vorgesetzten knapp bemessen ist. Verlieren Sie sich nicht in Einzelheiten, sondern halten Sie Ihre Präsentation anschaulich, einfach und knackig. Ihr Chef muss Problem und Lösung innerhalb weniger Minuten begriffen haben. Dazu muss er nicht über alle Stationen Ihrer Problemlösungsarbeit informiert werden; das Ergebnis zählt. Hilfreich ist, sich Stichworte zu notieren und das Ganze einmal für sich allein durchzuspielen.

Setzen Sie Ihre Idee in die Praxis um – Problem gelöst! Herzlichen Glückwunsch: Sie haben Ihre Aufgabe erfolgreich bewältigt! Ihr Chef war begeistert und hat Ihre Lösung abgesegnet. Machen Sie sich nun an die praktische Umsetzung – und halten Sie die Augen offen für neue Herausforderungen. Ein wichtiger Schritt auf dem Weg zum A-Mitarbeiter ist getan. Weiter so!

Überraschen Sie Ihren Chef immer wieder positiv

A-Mitarbeiter bieten ihrem Chef immer wieder positive Überraschungen. Sie denken mit, oder besser: denken vor. Sie bieten Unterstützung an, wenn es hektisch wird. Sie haben das eine oder andere schon erledigt, bevor ihr Boss beginnt, sich Sorgen darüber zu machen. Sie stimmen nicht in den Jammerchor ein, der ertönt, wenn es mal schwierig wird, sondern denken über Lösungen nach. Und wenn die Lage wirklich kritisch wird, behalten sie den Überblick und denken nach vorn. Hört sich gut an – doch wie bekommen Sie das hin? Im Folgenden bekommen Sie einige Tipps von einem Insider!

In den Gehirnwindungen des Chefs spazieren gehen

Die Aufgabe: Sie müssen verstehen, was Ihren Chef bewegt. Ähnlich wie Spitzenverkäufer, die die Welt mit den Augen ihrer Kunden sehen können, müssen Sie die Gedanken Ihres wichtigsten internen Kunden (Ihres Chefs) nachvollziehen. Wenn Sie also mit Kollegen reden, bleiben Sie nicht beim üblichen Smalltalk, sondern versuchen Sie herauszufinden, welche Fragen und Probleme Ihren Chef momentan umtreiben. Öffnen Sie sich auch für Kontakte in andere Abteilungen: Oft ist der Blick von außen sehr aufschlussreich. Sie müssen ja nicht immer mit den gleichen Leuten essen gehen, oder? Hören Sie außerdem aufmerksam zu, wenn Ihr Vorgesetzter etwas berichtet. Wichtige Botschaften stecken oft zwischen den Zeilen oder in der Körpersprache. Ihr Chef wird nicht schlecht staunen, wenn er in einem Nebensatz von aktuellen Schwierigkeiten berichtet und Sie ihn kurz darauf mit Lösungsideen überraschen. Mal Hand aufs Herz: Davon träumt doch jeder Boss, dass jemand einfach mal sagt: »Yes, I can!« – da kann ich Ihnen helfen!

Dem Chef Ärger vom Hals halten

Ein ganz alltäglicher Vorfall: Ein Kunde ruft in einer Firma an und verlangt den Chef, um sich über Servicemängel zu beschweren. Der Chef ist jedoch in der Regel nicht erreichbar. Der Kunde macht seinem Ärger lautstark Luft: »Wer hat das verbockt?!« Gewöhnlich wird in dieser Situation der große Fehler begangen, sich auf die Suche nach dem Schuldigen zu machen. Das Ende vom Lied ist, dass der Kunde noch mehr in Wut gerät, da er wieder nur vertröstet wird (»Ich kann dazu nichts sagen, Herr Sowieso ist im Moment nicht am Platz; er ruft Sie zurück.«). Sehen Sie die Sache doch einmal aus der Sicht des Kunden. Was will er in diesem Moment? Einen Schuldigen? Ein Gespräch mit dem Chef? Eigentlich sucht er doch nur jemanden, der sagt: »Ja, es ist unser Fehler, und es tut uns aufrichtig leid.« Sofort wäre sein Ärger fast verflogen, und Sie können ihm (schließlich sind Sie ja Fachmann) ganz gezielt helfen. Nicht nur, dass Sie Ihrem Chef wertvolle Zeit gespart haben, mehr noch: Sie haben ihn vor einer Blamage bewahrt, da er in der Regel gar nicht in der Lage ist, ein Kundenproblem zu lösen. Wichtig ist natürlich, dass Ihr Chef bei Gelegenheit von Ihrer guten Tat erfährt und Sie nicht nur bescheiden im Verborgenen wirken.

»Problemchefs« für sich einnehmen

In unserer Firma biete ich regelmäßig Sprechstunden für unsere Kunden an. Die dort diskutierten Fragen werden regelmäßig in unserem E-Mail-Newsletter veröffentlicht, natürlich ohne Nennung von Namen. Grundsätzlich kann bei mir über alles gesprochen werden, und zu den häufigsten Anliegen gehört die Klage über »schlimme Chefs«. Ich bin in diesem Punkt grundsätzlich misstrauisch, denn ein Chef wurde nicht deshalb Chef, weil er alles falsch macht. In irgendeinem Bereich hat er Hervorragendes geleistet, sonst wäre er nicht befördert worden. Und wenn der klagende Mitarbeiter unfehlbar wäre, dann hätte man sicherlich ihn zum Chef befördert.

Ich gebe allerdings gerne zu: Hin und wieder gibt es Vorgesetzte, deren Führungsstil stark gewöhnungsbedürftig ist. Damit habe ich selber schon Erfahrungen gesammelt. Wenn Sie mit solchen Chefs klarkommen und auch sie positiv verblüffen wollen, ist ein wenig strategisches Geschick gefragt. Grabenkämpfe bringen Sie nicht weiter. Im folgenden Abschnitt gebe ich Ihnen für verschiedene Führungstypen eine kleine Gebrauchsanweisung. Ziel ist es, Ihnen unter den jeweiligen Umständen das bestmögliche Verhältnis zum Chef zu ermöglichen. Wenn Sie Ihren Job behalten wollen und Ihr Vorgesetzter fest im Sattel sitzt, kommen Sie um eine gute Taktik nicht herum.

Der Führungsscheue Manche Chefs haben ihre Führungsrolle nie wirklich angenommen. Chefsein bedeutet eben nicht nur mehr Gehalt, sondern auch: Richtung vorgeben, Entscheidungen fällen, sagen, wo es langgehen soll. Davor schrecken einige Vorgesetzte zurück. Entscheidungen werden ausgesessen oder verschleppt, Konflikte peinlich vermieden. Die Folge: Die Leute tanzen ihnen auf der Nase herum. Solche Chefs werden weder von Mitarbeitern noch von Führungskollegen wirklich ernst genommen. Sie haben keinen Einfluss im Unternehmen, ihre Stimme zählt kaum. Dabei sind sie fachlich oft durchaus kompetent. Ein führungsschwacher Chef wird Sie kaum bei der Erreichung Ihrer Karriereziele unterstützen oder sich im Konfliktfall schützend vor Sie stellen. Das ist dann gefährlich, wenn Ihr Arbeitsplatz auf dem Spiel steht. Dieser Chef gibt immer dort nach, wo der Druck am größten ist, und verspricht Ihnen heute dieses und morgen Ihrem Kollegen womöglich genau das Gegenteil. Sie aber wollen wissen, woran Sie sind.

Mein Tipp: Erwarten Sie von Ihrem Chef nichts, was er aufgrund seiner Persönlichkeit nicht leisten kann. Versuchen Sie nicht, ihn unter Druck zu setzen oder zu Entscheidungen zu zwingen. Stärken Sie ihm den Rücken, indem Sie ihm Anerkennung und Respekt zeigen. Profitieren Sie von seinem Vertrauen und lernen Sie von seiner Fachkompetenz. Handeln Sie eigenverantwortlich und liefern Sie gute Ergebnisse – und sorgen Sie dafür, dass man das auch außerhalb Ihrer Abteilung bemerkt.

Der Unfähige Kennen Sie das »Peter-Prinzip«? Nach dem gleichnamigen Bestseller von Laurence J. Peter steigt in einer Hierarchie jeder bis zur Stufe seiner persönlichen Unfähigkeit auf. Anders ausgedrückt: Jeder wird so lange befördert, bis er mit seinen Aufgaben nicht mehr zurechtkommt. Dort bleibt er dann stecken. Auch wenn Peter ein bisschen übertreibt: Manche Chefs scheinen diese Stufe tatsächlich erreicht zu haben. Sie haben ihr Arbeitsgebiet nicht im Griff, verzetteln sich in Details oder umgekehrt, verlieren völlig die Bodenhaftung. Sie scheitern an Organisation und Planung und machen zu allem Überfluss ihren Mitarbeitern häufig das Leben schwer. Ihr Ruf im Unternehmen ist miserabel.

Mein Tipp: Gehen Sie Ihre Arbeit systematisch und tatkräftig an, statt sich über mangelnde Kompetenz Ihres Vorgesetzten zu beschweren. Bieten Sie Unterstützung an; übernehmen Sie gezielt Aufgaben, die Ihrem Chef schwerfallen. Werden Sie zur wichtigsten Stütze des Vorgesetzten – und Ihr Arbeitsplatz ist gesichert! Lassen Sie sich nicht zu öffentlichem Gejammer hinreißen. Man wird Ihre Loyalität positiv registrieren und Sie entsprechend honorieren.

Der Kontrolletti Ihr Chef ist der festen Überzeugung, er müsse am besten alles selbst machen. Niemand kann ihm in Sachen Kompetenz und Genauigkeit das Wasser reichen, meint er. Einerseits ächzt er unter der Last der Aufgaben, andererseits hat er große Schwierigkeiten, anspruchsvolle Tätigkeiten an seine Mitarbeiter zu delegieren. Wenn er es doch tut, prüft er am liebsten penibel nach, ob sie auch alles richtig gemacht haben. Die Schwierigkeit für Sie wird sein, dass Sie sich nur relativ einfachen Aufgaben stellen müssen und dadurch kaum etwas dazulernen. Außerdem haben Sie kaum die Möglichkeit, Ihre Fähigkeiten unter Beweis zu stellen und dadurch Ihren Job zu sichern. Wer nur für den »Routinekram« zuständig ist, wirkt schnell ersetzbar.

Mein Tipp: Gewinnen Sie langsam, aber sicher das Vertrauen Ihres Chefs, und ringen Sie ihm so anspruchsvollere Aufgaben ab. Dazu müssen Sie Routineaufgaben selbstverständlich perfekt erledigen und können sich keine Schlampereien erlauben. Suchen Sie sich dann eine anspruchsvolle Aufgabe, von der Sie wissen, dass Sie diese gut bewältigen können. Überzeugen Sie Ihren Chef, dass Sie der Richtige für diese Aufgabe sind, und enttäuschen Sie sein Vertrauen nicht. Werden Sie der Mitarbeiter, »auf den man sich wirklich verlassen kann« – und Ihr Stuhl ist sicher.

Der Unpersönliche Eigentlich ist gegen diesen Chef wenig zu sagen: Er erfüllt seine Aufgaben ebenso kompetent wie konsequent. Er ist weder ungerecht noch aufbrausend. Trotzdem hadern viele Mitarbeiter mit ihm, weil sie seine Nüchternheit als Kälte, seine Verschlossenheit als persönliche Zurückweisung empfinden. Kurz: Es fehlt an »Nestwärme«. Auch nach Jahren weiß dieser Chef kaum etwas Persönliches über seine engsten Mitarbeiter, und durch sein distanziertes Verhalten sorgt er bewusst dafür, dass das auch so bleibt.

Mein Tipp: Freuen Sie sich über Ihren kompetenten Chef – schließlich haben Sie jemanden, mit dem Sie zuverlässig und erfolgreich zusammenarbeiten können. Akzeptieren Sie seine Verschlossenheit und nehmen Sie sie nicht persönlich. Je weniger Sie ihm »auf die Pelle rücken« und je engagierter Sie Ihre Arbeit tun, desto unentbehrlicher werden Sie für ihn. Für die nötige Nestwärme können schließlich auch Kollegen sorgen!

Der Unterdrücker Solche Chefs sind autoritär, herrisch und menschlich verletzend. Im Extremfall errichten sie ein wahres Schreckensregiment und brüllen regelmäßig herum. Man kann ihnen kaum etwas recht machen; Lob kommt ihnen nicht über die Lippen, dafür kritisieren sie umso lieber. Gerne machen sie aus einer Mücke einen Elefanten, um dann beständig herumzunörgeln. Zu Vorgesetzten und Gleichgestellten sind solche Menschen stets freundlich, aber als Untergebener haben Sie wenig zu lachen. Das schlechte Arbeitsklima untergräbt sowohl Ihr Selbstvertrauen als auch Ihre Arbeitsfreude. Häufig leidet auch die Arbeitsqualität der Mitarbeiter, weil ihr Alltag von Angst und Überdruss geprägt ist.

Mein Tipp: Auch wenn es schwerfällt – lassen Sie sich möglichst nicht einschüchtern. Zurückbrüllen bringt ebenso wenig, wie in Tränen auszubrechen. Bleiben Sie in heiklen Situationen gelassen (vielleicht versuchen Sie, in Ihrem tobenden Gegenüber den Hauptdarsteller eines schlechten Fernsehfilms zu sehen). Bieten Sie durch gute Arbeitsleistung möglichst wenige Angriffsflächen und suchen Sie ein Gespräch, in dem Sie Ihre Unzufriedenheit zum Ausdruck bringen können. Appellieren Sie dabei an den Eigennutz Ihres Chefs: Weisen Sie darauf hin, dass Sie in einem angenehmeren Arbeitsklima (noch) mehr leisten können. Greifen Sie den Unterdrücker nicht persönlich an, sondern argumentieren Sie mit besseren Arbeitsergebnissen, die ihm selbst zugute kommen.

Gezielt »Marktforschung« betreiben

Viele erfolgreiche Unternehmen befragen ihre Kunden regelmäßig, um auf Wünsche und Erwartungen optimal reagieren zu können. Manche Chefs sind »mutig« und lassen sich regelmäßig von ihren Mitarbeitern beurteilen, um zu wissen, wo sie stehen. Warum halten Sie es mit Ihrem Chef als wichtigstem Kunden nicht ebenso? Gehen Sie beispielsweise auf ihn zu und sagen Sie ihm: »Dies sind die fünf Dinge, um die ich mich in den letzten Tagen hauptsächlich gekümmert habe. Denken Sie, dass das die richtigen Projekte sind?« Damit hat Ihr Chef die Möglichkeit, Ihnen ein Feedback zu geben, wie zum Beispiel: »Um ehrlich zu sein, es würde mir besser gefallen, wenn Sie Ihre wertvolle Zeit in diese oder jene Aufgabe investieren würden.« Warum wiederholen Sie das nicht nach 30 Tagen? Das ist eine ebenso einfache wie tolle Möglichkeit herauszufinden, ob Sie sich noch auf der richtigen Spur befinden.

Eine andere Möglichkeit: Sie bitten Ihren Chef um ein Feedbackgespräch. Dazu entwerfen Sie einen Fragenkatalog und schlagen ihm vor, den Fragebogen vor dem Gespräch in Ruhe auszufüllen. Einen solchen Bogen können Sie ganz auf Ihre momentane Situation zuschneiden. Ein allgemeines Beispiel finden Sie unten.

Feedback-Bogen

Liebe/r Herr/Frau .... *[hier tragen Sie den Namen Ihres Chefs ein]*,

um die Zusammenarbeit mit Ihnen und meine Arbeitsleistung zu verbessern, möchte ich die folgenden Punkte mit Ihnen besprechen. Ich werde die Fragen für mich beantworten und freue mich, wenn Sie das auch tun. In unserem Gespräch am ...... um ...... Uhr können wir die Ergebnisse vergleichen und diskutieren.

- Bin ich aus Ihrer Sicht ein A-, B- oder C- Mitarbeiter? Warum?

  _____
  _____

- Was sollte ich zukünftig besser machen?

  _____
  _____

- Was zeichnet mich gegenüber anderen Mitarbeitern aus?

  _____

- Worin liegen meine Stärken?

- Worin liegen meine Schwächen?

- Wie kann ich mehr Nutzen für das Unternehmen bringen?

- Wie kann ich Sie in Ihrer Arbeit besser unterstützen?

- Durch welche Aufgaben kann ich mich weiterentwickeln?

- Welche berufliche Position trauen Sie mir mittel- und langfristig zu?

- Weitere Bemerkungen

Service: Sie können das Arbeitsblatt auf der Webseite zu diesem Buch (*www.sobehaltensieihrenjob.de*) kostenlos herunterladen, ausdrucken und ausfüllen!

Ohne regelmäßige Rückmeldung können Sie nur darüber spekulieren, ob Ihr Chef Sie als wichtigen Problemlöser seiner Abteilung sieht. Das übliche Jahresgespräch reicht dafür nicht aus. Manche Vorgesetzte sind von sich aus sehr großzügig mit Feedback; man weiß immer, wo man steht. In unserer Firma bieten wir beispielsweise Quartalsgespräche an, und natürlich zeigen uns die individuellen Zielvereinbarungen und deren Umsetzung, wie ein Mitarbeiter aktuell einzuschätzen ist. Die meisten Chefs jedoch sind schon aus Zeitgründen sparsam mit direkten Hinweisen. Hier hilft nur: fragen, fragen, fragen! Mit dem Feedback-Bogen zeigen Sie Ihrem Vorgesetzten gleich, dass er in Ihnen keinen Durchschnittsmitarbeiter hat, sondern jemanden, der Verantwortung sucht, der sich weiterentwickeln und vorankommen will – kurz: jemanden, auf den das Unternehmen kaum verzichten kann!

Auf einen Blick

- Es gibt in jedem Unternehmen A-, B- und C-Mitarbeiter: unentbehrliche Leistungsträger, unauffällige Durchschnittsmitarbeiter und Problemfälle, die man lieber heute als morgen los wäre. Werden Sie zum A-Mitarbeiter, wenn Sie nicht schon einer sind!
- Ihr Chef ist Ihr wichtigster Kunde: A-Mitarbeiter arbeiten nicht nur engagiert und erfolgreich, sondern erfüllen die Erwartungen Ihrer Vorgesetzten. Mehr noch – sie überraschen ihren Chef immer wieder positiv und machen sich so unentbehrlich.
- Chefs suchen Problemlöser, nicht Problemmacher. Entwickeln Sie einen Blick dafür, was Ihrem Chef unter den Nägeln brennt, und erarbeiten Sie gezielt Lösungsvorschläge.
- Betreiben Sie Marktforschung in eigener Sache: Bitten Sie Ihren Chef regelmäßig um Rückmeldung, ob Sie seine wichtigsten Probleme im Blick haben.
- Resignieren Sie nicht, wenn Sie einen »schwierigen« Chef haben. Mit der richtigen Einstellung und Geduld werden Sie zu seiner wichtigsten Stütze.

Schritt 3: Stärken identifizieren. Mit neu entdeckten Stärken zum sicheren Job

Wähle einen Beruf, den du liebst,
und du brauchst niemals in deinem Leben zu arbeiten.

Konfuzius

Einführung: So sehr wir uns auch anstrengen mögen: Kein Mensch kann auf allen Gebieten Spitze sein. Oder kennen Sie einen Boxer, der gleichzeitig als Langstreckenläufer Medaillen geholt hat? Spitzensportler sind hoch spezialisiert, Topmitarbeiter auch. Kein kluger Chef käme auf die Idee, einen genialen Vorarbeiter in den Vertrieb zu versetzen und dafür seinen besten Verkäufer ab dem nächsten Tag in der Produktion einzusetzen. Ihre Stärken und Ihre Jobsituation müssen zusammenpassen, wenn Sie zum A-Mitarbeiter werden und Ihren Arbeitsplatz langfristig sichern wollen.

In diesem Kapitel leuchten wir gemeinsam Ihre starken Seiten aus. Wir tun das aus fünf Blickwinkeln: Wir schauen uns an, was Sie gelernt haben (»Kompetenzen«), was Sie antreibt (»Motivationsfaktoren«), was Sie auszeichnet (»Persönlichkeit«), was Ihr Handeln bestimmt (»Werte«) und schließlich, was Sie sich erträumen (»Wünsche«).

Spitzenmitarbeiter bauen auf ihre Stärken

Wie oft haben Sie im Job das Gefühl, etwas zu tun, das wirklich »Ihr Ding« ist? Die Arbeit geht Ihnen flott von der Hand, das Ergebnis ist ausgezeichnet, und das Ganze macht Ihnen noch dazu Spaß. Sehr wahrscheinlich tun Sie dann gerade etwas, das ideal zu Ihren Stärken passt. Das ist im Arbeitsalltag vieler Mitarbeiter leider nicht oft der Fall. Werfen Sie einen Blick auf das folgende Schaubild.

Fall 1	Stärke Jobsituation	Stärken und Jobsituation passen nicht zusammen. (Rückmeldung der Kollegen: »Das ist nicht dein Ding.«)
Fall 2		Stärken und Jobsituation passen bedingt zusammen. (Rückmeldung der Kollegen: »Was du leistest, ist okay, aber nicht überwältigend.«)
Fall 3		Stärken und Jobsituation harmonieren perfekt. (Rückmeldung der Kollegen: »Wow, niemand kann das so gut wie du!«)

Ganz offensichtlich ist der dritte Fall der, den wir alle anstreben. Wie Sie vielleicht festgestellt haben, hat nur der rechte Kreis seine Position verändert. Das ist kein Zufall. Ihre Stärken können Sie nur sehr bedingt beeinflussen. Besondere Begabungen gehören zu Ihnen wie Haarfarbe und Statur. So können Sie zum Beispiel entweder mit Zahlen umgehen oder das liegt Ihnen nicht besonders; entweder Sie sind ein mitreißender Redner oder Sie sind es nicht. Sie können nicht beschließen, ab morgen mathematisch begabt oder rhetorisch stark zu sein; Sie können allenfalls vorhandene persönliche Stärken ausbauen und ein noch besserer Rechner oder Redner werden. Es lohnt sich nicht, sich ausdauernd mit den eigenen Schwächen zu beschäftigen – gerade in Zeiten, in denen Ihr Vorgesetzter besonders genau auf Ihre Leistungen schaut, sollten Sie bewusst auf Ihre Stärken setzen und damit punkten.

Beim hellen Kreis dagegen sieht die Sache schon anders aus: Ihre Jobsituation können Sie selbst in die Hand nehmen. Das ist auch in wirtschaftlich kritischen Zeiten möglich, aber Sie müssen sich Ihre Strategie dann noch besser überlegen. Wollen Sie auf jeden Fall Ihren Job behalten beziehungsweise in der Firma bleiben? Dann können Sie aktiv etwas verändern, indem Sie sich zum Beispiel bewusst weiterentwickeln, Kontakte zu anderen Abteilungen pflegen und Ihren Chef wissen lassen, wie ambitioniert Sie sind.

Sie haben fünf starke Seiten!

Den Begriff der »Stärke« habe ich bewusst allgemein gehalten. Bei genauer Betrachtung setzt sich Ihr Stärkenprofil aus insgesamt fünf Bausteinen zusammen:

- Erworbene Kompetenzen: Was habe ich gelernt und was kann ich?
- Motivationsfaktoren: Was mache ich leidenschaftlich gerne?
- Persönlichkeitsstärken: Was für eine Persönlichkeitsstruktur habe ich?
- Werte: Was ist mir wichtig und woran orientiere ich mich?
- Wünsche: Wonach sehne ich mich?

Diese fünf Stärkenbausteine sollten möglichst gut mit Ihrem beruflichen Umfeld harmonieren. Die Zielscheibe auf Seite 80 veranschaulicht, was gemeint ist. Je mehr Ihre Begabungen (Pfeile) die Jobanforderungen (Zielpunkt in der Mitte) treffen, desto glücklicher und erfolgreicher werden Sie mit dem, was Sie tun.

Der Fahrplan zum perfekten Job

Der ideale Job gibt Ihnen die Möglichkeit, Ihre Stärken voll auszuleben. Dazu müssen Sie Ihre starken Seiten natürlich genau kennen. Überraschenderweise können viele Menschen zwar wie aus der Pistole geschossen aufzählen, was sie nicht so gut können, doch bei der Frage nach ihren Pluspunkten geraten sie häufig ins Grübeln. Das mag daran liegen, dass von der Grundschule bis zur Universität lieber kritisiert wird, was nicht so gut läuft, statt das zu fördern, was prima klappt. Das lenkt unsere Aufmerksamkeit einseitig auf unsere Schwächen. Deshalb nehmen wir in diesem Kapitel gemeinsam Ihre Stärken unter die Lupe.

Nach der Stärkenanalyse in diesem Kapitel schauen wir uns in Kapitel 4 Ihre Jobsituation an. In Kapitel 5 schließlich lesen Sie, wie Sie Ihrem Idealjob Schritt für Schritt näher kommen – und das ist oft der Job, den Sie haben! Unser Fahrplan in den Club der A-Mitarbeiter sieht also so aus:

Was kann ich?
(Ihre Stärken, Kapitel 3)
↓
Wo stehe ich heute?
(Ihre Jobsituation, Kapitel 4)
↓
Wo will ich hin?
(Ihre Ziele und wie Sie sie erreichen, Kapitel 5)

Geniale Vorbilder – oder: Warum sich die Mühe lohnt

Sich darüber klar zu werden, was man wirklich am besten kann, kostet Zeit. Doch zahlreiche Beispiele belegen: Die Mühe lohnt sich. Viele Ausnahmesportler und Ausnahmekünstler erreichten nur deshalb Weltruhm, weil sie sich konsequent auf ihre Stärken konzentrierten. Machen Sie es ebenso und werden Sie zum Ausnahmemitarbeiter! Die eigenen Stärken zu optimieren bringt mehr, als an seinen Schwächen herumzudoktern und es auf diesen Gebieten mit viel Anstrengung allenfalls bis zur Mittelmäßigkeit zu bringen. Lesen Sie, was passiert, wenn man sein Stärkenpotenzial voll ausschöpft.

Albert Einstein – der größte Physiker aller Zeiten Viele der größten Genies, die je das Licht der Welt erblickten, könnte man als »lebensuntüchtig« bezeichnen. Sozial inkompetent und in fast allen Bereichen totale Versager – außer in ihrem Fach, da waren sie spitze. Nehmen wir Einstein, der an Sprachen und Geisteswissenschaften ein so geringes Interesse zeigte (und dementsprechende Noten kassierte), dass seine Lehrer ihn glatt für dumm erklärten. Einstein konzentrierte sich ausschließlich auf das, was er am besten konnte und womit er sich am liebsten beschäftigte: Physik und Mathematik. Indem er unbeirrt diesen Weg einschlug, wurde er einer der größten, wenn nicht der größte Physiker aller Zeiten. Wen interessiert heute noch, ob er sich in Erdkunde auskannte oder ob er teamfähig war? Weltruhm erlangte er als Physiker. Seine Schwächen sind vergessen.

Michael Jordan – die Basketball-Legende Ein anderes Beispiel: der Basketballstar Michael Jordan. Natürlich hat er an seiner Karriere hart gearbeitet, doch seine Begeisterung für seinen Sport hat ihn beflügelt. Als Spitzensportler hat er sich einzig und allein auf das konzentriert, was er wie kein anderer beherrscht: Basketball. Anstatt sich auf seine Schwächen zu fixieren, folgte er seiner Leidenschaft. Die bestbezahlten Menschen betrachten ihren Beruf häufig als Spiel. Kein Wunder, dass diese Menschen zwischen Beruf und Freizeit nicht mehr unterscheiden. Schließlich haben sie ihr Hobby zum Beruf erklärt und müssen deshalb nie mehr »arbeiten«.

Colin Powell – ein General, der begeistern kann Der frühere US-Außenminister Colin Powell war Umfragen zufolge im letzten Jahrzehnt des 20. Jahrhunderts eine der zehn angesehensten Führungspersönlichkeiten der Welt. Ein Zuhörer, der ihn gut kannte, berichtete davon, dass die Erwartungen an Powell vor einem seiner Vorträge ungeheuer hoch waren. Nach einer enthusiastischen Ankündigung hätten viele Menschen im Publikum gezweifelt, dass Powell diesen hohen Ansprüchen gerecht werden könne. Am Ende des Vortrags fragte man sich stattdessen: »Ist der immer so gut?« Powell hatte sich als mitreißender Redner erwiesen, der seinem Publikum das Gefühl vermittelte, in wichtigen Entscheidungssituationen selbst mit dabei gewesen zu sein: »Er sprach ungezwungen, ohne die verklausulierten Sprüche des Politikers, ohne den Schwulst des Predigers, ohne steife Struktur und ohne Notizen. [...] Es war eine einfache Botschaft, perfekt vorgetragen.« (Aus: Buckingham/Clifton, *Entdecken Sie Ihre Stärken jetzt!*) Schwer beeindruckt fragte sich das hochkarätige Publikum, wie Powell diese ungeheure Wirkung erzielen konnte. Die Frage »Wo hat er das gelernt?« stellte sich erst gar nicht, denn jedem im Saal war völlig klar, dass ein solches Charisma kein noch so professioneller Trainer vermitteln kann. Eine solche Wirkung hat ihre Wurzeln in einer nicht nachahmbaren persönlichen Begabung.

Die Liste der Beispiele ließe sich beliebig verlängern. Der Fußballer Lothar Matthäus ist deutscher Rekordnationalspieler. Er absolvierte 150 Länderspiele, und Sie fragen sich: Wie schaffte er das? Michael Schumacher wurde sieben Mal Formel-1-Weltmeister, von 2000 bis 2004 sogar jährlich. Der Rennsport ist seine absolute Stärke. Er hat sein Talent früh erkannt, sich darauf fokussiert und so kontinuierlich Höchstleistung gebracht. Fragen Sie sich: Wo liegt meine größte Stärke? Und wie kann ich sie an meinem Arbeitsplatz optimal entfalten?

Ziel dieses Buches ist es, aus Ihnen einen kleinen Michael Schumacher auf Ihrem Gebiet zu machen. Was bedeutet das für Sie? Sie müssen Ihre Stärken genau kennen und an ihnen arbeiten. Leider wird an Schulen und an Arbeitsstätten auf der ganzen Welt viel zu sehr auf die Schwächen von Schülern, Auszubildenden und Mitarbeitern geachtet. Ständig geht es darum, diese Schwächen zu bekämpfen. Wie unsinnig das ist, zeigt ein einfaches Beispiel: Stellen Sie sich vor,

Sie sind wieder ein Schulkind und bekommen Ihr Zeugnis. Darin steht eine Zwei in Englisch und eine Fünf in Mathe. Bei nüchterner Betrachtung ist völlig klar, worauf Sie in Ihrer beruflichen Karriere bauen können: Wenn Sie sich ein wenig anstrengen, wird aus der Zwei in Englisch eine Eins – und das ist doch deutlich besser, als mit viel mehr Aufwand aus der Fünf in Mathe eine Vier zu machen. Unterm Strich heißt das: Wenn Sie sich an etwas versuchen, das Ihnen nicht wirklich liegt, werden Sie mit der Zeit zwar auch besser, aber Sie werden nie zu dem Punkt gelangen, an dem Sie Menschen verblüffen und begeistern können.

1. Stärkenbaustein: Erworbene Kompetenzen

Schauen wir uns nun die fünf Bausteine Ihrer persönlichen Stärke an. Im Folgenden geben wir Ihnen Gelegenheit, nacheinander jeden Ihrer fünf Stärkenbereiche für sich auszuleuchten. Zu jeden Baustein gibt es einen kleinen Test.

Was habe ich gelernt, was kann ich?

Unter »Kompetenzen« verstehen wir erworbene Fähigkeiten, also alles, was Sie in der Schule, während Ihrer Ausbildung, im Studium oder anderswo erlernt haben. Da kommt schnell eine ganze Menge zusammen. Denken Sie nur daran, was Sie im Laufe Ihres Lebens schon alles gemacht haben – von Fortbildungen und Volkshochschulkursen über Ferien- und Nebenjobs bis zu privaten Interessen und Engagements wie Musikunterricht oder Mitarbeit im Sportverein.

In jedem Beruf wird eine ganze Reihe von Kompetenzen benötigt. Dabei zählen nicht nur Fertigkeiten, die Sie durch ein Diplom oder den Gesellenbrief nachweisen können. Ob Sie Ihre Kenntnisse im Umgang mit moderner Bürosoftware an einem Weiterbildungsinstitut oder in Eigenregie als Redakteur der Vereinszeitung erworben haben, ist für den Einsatz im Job unerheblich. Gängig ist außerdem die Unterscheidung in »Hard Skills« und »Soft Skills«, harte und weiche Fertigkeiten. Tabellenkalkulation mit Excel ist eine harte Fertigkeit, die man rasch nachprüfen kann. Anderen Menschen PC-Programme geduldig erklären zu können ist eine weiche Fertigkeit, bei der soziale Kompetenzen ins Spiel kommen. Wenn ich einen Bewerber vor mir habe, schaue ich mir auch immer an, wo in seinem Lebenslauf ehrenamtliches Engagement auftaucht, zum Beispiel in einem Verein oder der Kirche. Hat er bereits dort Verantwortung übernommen, dann kann ich mir auch vorstellen, dass er sich im beruflichen Umfeld be-

währen wird. Denken Sie bei der Zusammenstellung Ihrer Kompetenzen auch an diese Form des Engagements. Vielleicht haben Sie es bei der Gestaltung Ihres Jobs bisher zu wenig beachtet.

Workshop: Erworbene Kompetenzen

Welches sind Ihre Kompetenzen? Was haben Sie in ganz unterschiedlichen Situationen in Ihrem Leben gelernt? Denken Sie an »harte« und »weiche« Fertigkeiten, an offizielle Lernsituationen (wie Kurse), aber auch an inoffizielle Lerngelegenheiten (Lernen in der Praxis). Am leichtesten fällt Ihnen eine vollständige Auflistung vermutlich, wenn Sie Ihren Lebenslauf durchgehen und an jeder Station auch kurz rechts und links schauen: Was war in dieser Zeit sonst noch los, auch wenn Sie es nicht in Ihre Bewerbungen aufgenommen haben? Vorweg ein Beispiel:

Kompetenzen: Was haben Sie gelernt? (Beispiel)

Wann? Zeitraum	Wo? Einrichtung/Situation	Was? Erworbene Kompetenzen/ Abschlüsse/Titel
1980–1984	Grundschule	
1984–1993	Gymnasium	Abitur
	Leistungskurs Mathe	Gespür für Zahlen
	Schülersprecher	Frei reden
1990–1993	Volkshochschule	Schreibmaschinenkenntnisse
		Grundkenntnisse Spanisch
1993–1995	Zivildienst im Behindertenheim	Erste-Hilfe-Kurs
		Betreuung und Pflege körperlich Behinderter
1995 bis heute	Sparkasse	Bankkaufmann
		usw.

Nun füllen Sie bitte die folgende Tabelle aus, um sich über Ihre gesammelten Fertigkeiten klar zu werden.

Kompetenzen: Was haben Sie gelernt?

Wann? Zeitraum	Wo? Einrichtung/Situation	Was? Erworbene Kompetenzen/ Abschlüsse/Titel

Service: Sie können das Arbeitsblatt auf der Webseite zu diesem Buch (*www.sobehaltensieihrenjob.de*) kostenlos herunterladen, ausdrucken und ausfüllen!

2. Stärkenbaustein: Motivationsfaktoren

Es gibt Situationen, da hat unser »innerer Schweinehund« keine Chance – und zwar immer dann, wenn wir uns unseren Lieblingsaufgaben widmen können. Weder Schnupfen noch die späte Stunde können uns bremsen. Bei ungeliebten Tätigkeiten dagegen sind wir nie um eine Ausrede verlegen: Jetzt noch anfangen? Das lohnt sich ja kaum. Auf dem Weg zum erfüllten Job sollten Sie sich daher fragen, wo Ihre Leidenschaften liegen.

Was mache ich leidenschaftlich gern?

Dinge, die wir leidenschaftlich gern tun, sind ein wichtiger Antriebsmotor in unserem Leben. Deswegen sprechen wir von »Motivationsfaktoren«. Sorgen Sie dafür, dass Sie zumindest einen Teil Ihres Arbeitstags mit Aufgaben verbringen, die Ihnen Spaß machen. Mindestens 10 Prozent dessen, was Sie tun, sollte Sie hundertprozentig begeistern!
Wie sehen Ihre ganz persönlichen Motivationsfaktoren aus? Man-

che Menschen wissen sofort, was sie ganz besonders gerne tun; andere müssen lange nachdenken. Ihr Tag ist so vollgepackt mit Pflichten, dass der »Spaßfaktor« schon lange keine Rolle mehr gespielt hat. Oft weiß man als Kind oder Jugendlicher ganz genau, was man einmal werden will. Später liegen diese Träume unter guten Ratschlägen anderer, Kompromissen oder Familientraditionen (»Schon dein Großvater war schließlich Jurist.«) begraben.

Workshop: Motivationsfaktoren

Ein guter Weg, die eigenen Motivationsfaktoren herauszufinden, sieht so aus: Nehmen Sie sich einmal die Zeit und überlegen Sie, für welche Aufgaben Sie sich sogar nachts um drei Uhr noch begeistern könnten. Erzählen Sie dann Ihrem Partner oder einem Freund drei bis fünf Geschichten über Dinge, die Sie mit großer Begeisterung gemacht haben. Bitten Sie Ihren Gesprächspartner, nur die Verben aufzuschreiben, die Sie verwenden. Wählen Sie dann aus der folgenden Liste diejenigen Tätigkeiten aus, die Sie genannt haben und bei denen Ihr Herz höher schlägt. Wenn Sie etwas auf der Liste vermissen, ergänzen Sie diesen Motivationsfaktor einfach.

Motivationsfaktoren

Menschen	**Informationen**
Anweisungen folgen	Verwalten
Dienen	Rechnen, kalkulieren
Mitfühlen, mitleiden	Ergebnisse erzielen
Kommunizieren	Untersuchen, forschen
Überzeugen	Beurteilen, bewerten
Verhandeln, entscheiden	Organisieren
Gründen, aufbauen	Verbessern, anpassen
Behandeln	Logisch denken
Beraten	Planen, entwickeln
Lehren, unterrichten	Strukturieren, ordnen
Leiten	Konzepte entwickeln

Materialien	Kreativität
Bearbeiten	Vorführen, amüsieren
Mit Erde und Natur arbeiten	Musizieren
Maschinen und Geräte gebrauchen	Bildhauen
Umgang mit Computer	Tanzen
Präzisionsarbeit	Pantomime
Bauen	Schauspielen
Malen, anstreichen	Zeichnen
Reparieren	Entwerfen (Design)
Dekorieren	Schreiben
Umgang mit Elektronik	Kreativ denken
Kochen, backen	Fotografieren

Abdruck mit freundlicher Genehmigung von Gerth Medien, aus: Paul Ch. Donders, *Kreative Lebensplanung*. Asslar 2005

Service: Sie können die Tabelle auf der Webseite zu diesem Buch (*www.so behaltensieihrenjob.de*) kostenlos herunterladen, ausdrucken und ausfüllen!

Im zweiten Schritt überlegen Sie, bei welchen Aufgaben Sie diese Motivationsfaktoren einsetzen können. Nutzen Sie dazu das folgende Arbeitsblatt. Ein Beispiel habe ich dort bereits vorgegeben.

Wie können Sie Ihre Motivationsfaktoren im Job stärker einbringen?

Motivationsfaktoren	Umfeld	Warum?	Wie kann ich das öfter haben?
Unterrichten	Job	Eigene Erfahrung weitergeben	Verantwortung für Azubis übernehmen, Ausbildereignungsprüfung machen

Service: Sie können das Arbeitsblatt auf der Webseite zu diesem Buch (*www.sobehalten sieihrenjob.de*) kostenlos herunterladen, ausdrucken und ausfüllen!

Die Ergebnisse dieser Überlegungen eröffnen Ihnen in Ihrem derzeitigen Job vielleicht schon Perspektiven, die Sie bisher gar nicht oder nicht mehr gesehen haben. Wenn Sie beispielsweise gerade eher frustriert und antriebslos sind, weil Sie der fehlende direkte Kundenkontakt und das Verharren am Schreibtisch mürbe machen, könnten Sie Ihrem Chef vorschlagen, die wichtigen Kunden verstärkt wieder persönlich zu betreuen und zu besuchen. Sie haben sich einfach an die Begeisterung erinnert, mit der Sie früher in solche Gespräche hineingegangen sind und daran, wie gut Sie in der Verhandlung sind, wenn Sie Ihrem Gesprächspartner direkt gegenübersitzen. Ihr Chef würde sich darüber freuen.

3. Stärkenbaustein: Persönlichkeit

Im einen Job sind Machertypen gefragt, im nächsten geduldige Zuhörer und im dritten kreative Tüftler. Würden ein erfolgreicher Manager, ein sensibler Therapeut und ein findiger Ingenieur die Arbeitsplätze tauschen, würde wahrscheinlich keiner von ihnen glücklich. Das führt uns zur nächsten Frage:

Welche Persönlichkeitsstruktur habe ich?

Dominik Dominator bläst unmittelbar vor dem Start einer von langer Hand vorbereiteten Werbekampagne alle geplanten Aktionen plötzlich wieder ab. Er meint nämlich, mithilfe der neuen Werbeagentur Dawtschenko schnellere Umsatzsteigerungen und eine bessere Marktdurchdringung zu erzielen.

Inge Initiativ atmet erleichtert auf, als ein externer Anruf von der

IHK hereinkommt. Sie unterhält sich lange und freundlich mit dem Anrufer und lässt den Abgabetermin für ein detailliertes Besprechungsprotokoll, an dem sie gerade gelangweilt gearbeitet hatte, einfach verstreichen. Sie rechtfertigt dies – jetzt gestresst – damit, dass sie die Chance wahrnehmen konnte, PR-Kontakte nach außen zu pflegen.

Stefan Stetig ist ein langsamer und methodischer Planer. Bereits im August überlegt er genau, was seine Kinder wohl zu Weihnachten brauchen, und hat Mitte Oktober schon die ersten Geschenke besorgt. Er braucht Zeit, um Dinge zu durchdenken, weil er sonst unter Druck kommt, der bei ihm Stress bewirkt. Lieber vermeidet er die von ihm gefürchtete vorweihnachtliche Hektik, indem er alles schon vorher erledigt.

Gisela Gewissenhaft tüftelt schon seit Jahren, auch nach Feierabend, an einem umfangreichen Verbesserungsvorschlag zur Bewertung der Kundenbonität und Optimierung des Mahnwesens. Kurz bevor sie endlich ihr 120 000-Euro-Projekt der Geschäftsleitung präsentieren kann, bringt die Firma Gigasoft ein neues Gindows-Programm für 499 Euro auf den Markt, das über 95 Prozent aller geforderten Funktionen schneller, besser und einfacher abdeckt. Trotzdem hält Gisela die Genehmigung und Durchführung ihres Projekts für äußerst wichtig.

Und Sie? Handeln Sie eher wie Stefan, wie Inge, wie Gisela oder wie Dominik? Oder noch einmal ganz anders? Repräsentieren Sie eine Mischung aus allen Typen? Je besser die für Sie typische Vorgehensweise mit den Anforderungen an Ihrem Arbeitsplatz harmoniert, desto erfolgreicher und unentbehrlicher werden Sie sein.

Workshop: Meine Persönlichkeit (D-I-S-G)

Wer sich selbst gut einschätzen kann und wer seine Jobwahl und seine Einsatzmöglichkeiten danach ausrichtet, hat die besten Chancen, als A-Mitarbeiter für seinen Chef unverzichtbar zu werden. Bei Ihrer Selbsteinschätzung hilft Ihnen ein bewährter Test, der vor knapp 80 Jahren von den amerikanischen Psychologen William Marston und John Geier entwickelt wurde. Es handelt sich um das persolog® Persönlichkeits-Profil (D-I-S-G). Nähere Informationen finden Sie unter *www.persolog.com*. Die vier Buchstaben stehen für die vier Grundtypen:

- Dominant
- Initiativ
- Stetig
- Gewissenhaft

Jeder Mensch weist Anteile aller vier Verhaltenstypen auf. Es gibt also weder »den« Dominanten noch »den« Gewissenhaften in Reinkultur: Wir sind alle Mischtypen mit unterschiedlich starken Ausprägungen der vier Dimensionen. Jeder kann durch diese Einstufung neue Erkenntnisse über die eigene Persönlichkeit gewinnen – auch ich kenne mein persolog® Persönlichkeits-Profil und kann mich nun besser einschätzen. Durch die Übersicht unten erhalten Sie erste Aufschlüsse über Ihr eigenes Persönlichkeits-Profil. Einen ausführlichen, wissenschaftlich abgesicherten Fragebogen mit differenzierteren Auswertungen bietet das persolog® Persönlichkeits-Profil, das bei den autorisierten Trainern sowie im Buchhandel erhältlich ist (*www. persolog.com* sowie Friedbert Gay: *Das persolog® Persönlichkeits-Profil. Persönliche Stärke ist kein Zufall*).

In der Übersicht unten finden Sie in der rechten Spalte charakteristische Eigenschaften des jeweiligen Typs – Stärken wie Schwächen. Kreuzen Sie an, wo Sie sich wiedererkennen. Achten Sie beim Ausfüllen darauf, dass sich Ihre Angaben auf Ihr berufliches Verhalten beziehen. Wenn Sie unsicher sind, stellen Sie sich am besten passende Jobsituationen vor und überlegen Sie, wie Sie reagieren.

D-I-S-G-Übersicht

DOMINANT	Stärken	ergebnisorientiert	☐
		entscheidungsfreudig	☐
		liebt Herausforderungen	☐
		unabhängig	☐
		bringt die Dinge ins Rollen	☐
		im Team richtungsweisender Motor	☐
		in der Führungsrolle: bringt die Dinge ins Rollen, managt Probleme und Unruhen	☐
	Schwächen	ungeduldig	☐
		kontaktarm	☐
		schlechter Zuhörer	☐
		fällt Entscheidungen evtl. vorschnell	☐
		schwieriger Teammitarbeiter	☐
		stellt zu hohe Anforderungen an andere	☐
		übersieht Risiken	☐

DOMINANT	**Ideales Umfeld**	Menschen mit ausgeprägt dominanter Verhaltensdimension lassen sich als aktiv und entschlossen charakterisieren. Ihre ideale Arbeitsumgebung ist gekennzeichnet durch:	
		Entscheidungsfreiheit, selbstständiges Arbeiten	☐
		Herausforderungen	☐
		große Projekte	☐
		möglichst wenig Kontrolle	☐
		möglichst wenig Detailarbeit	☐
		klare Ziele	☐
INITIATIV	**Stärken**	knüpft Kontakte	☐
		verbreitet Optimismus und Begeisterung	☐
		kann das Leben genießen	☐
		kommuniziert gut und gerne	☐
		schafft eine motivierende Atmosphäre	☐
		im Team: stellt Kontakte her	☐
		in Führungsrolle: ermöglicht offene Kommunikation, sucht nach Übereinstimmung bei endgültigen Entscheidungen	☐
	Schwächen	abhängig von Anerkennung	☐
		unorganisiert	☐
		scheut Konfrontation	☐
		führt Angefangenes nicht zu Ende	☐
		redet zu viel	☐
		kann schlecht allein sein	☐
		achtet nicht auf Genauigkeit	☐
	Ideales Umfeld	Menschen mit ausgeprägter initiativer Verhaltensdimension lassen sich als gesprächig, freundlich und offen charakterisieren. Ihre ideale Arbeitsumgebung ist gekennzeichnet durch:	
		Abwechslung	☐
		Menschen	☐
		Zeit zum Genießen des Lebens	☐
		möglichst wenig Detailarbeit	☐
		flexible Bedingungen	☐
		Gelegenheit zum Kommunizieren	☐
		öffentliche Anerkennung	☐

STETIG	**Stärken**	schafft Harmonie	☐
		guter Teamarbeiter	☐
		hört gut zu	☐
		loyal	☐
		schafft stabiles Umfeld	☐
		im Team: harmonisiert, führt spezialisierte Arbeiten aus	☐
		in Führungsrolle: unterstützt andere, ihre Arbeit zu tun	☐
	Schwächen	unentschlossen	☐
		kann nicht Nein sagen	☐
		zu defensiv	☐
		scheut Auseinandersetzungen	☐
		zu kompromissbereit	☐
		stellt eigene Wünsche schnell zurück	☐
		kommt schwer mit Veränderungen zurecht	☐
	Ideales Umfeld	Menschen mit ausgeprägt stetiger Verhaltensdimension lassen sich als besonders verlässlich, kooperativ und berechenbar charakterisieren. Ihre ideale Arbeitsumgebung ist gekennzeichnet durch:	
		Sicherheit, Stabilität	☐
		Zeit, sich auf Veränderungen einzustellen	☐
		Arbeit im Team	☐
		Anerkennung für die eigene Person	☐
		geklärte Erwartungen	☐
		Harmonie	☐
		klare, gute Beziehungen	☐
GEWISSENHAFT	**Stärken**	Detailfreude und Qualitätsbewusstsein	☐
		denkt kritisch, hinterfragt	☐
		ausdauernd	☐
		beachtet Regeln und Normen	☐
		im Team: konzentriert sich auf wichtige Details	☐
		in Führungsrolle: legt Wert auf Vollendung von Aufgaben und will, dass Prozeduren befolgt werden	☐

	Schwächen	verliert sich im Detail	☐
		Hang zum Perfektionismus	☐
		Gefahr, sich auf Beobachterposten zurückzuziehen	☐
		»es richtig zu machen« hat zu viel Bedeutung	☐
		wenig Flexibilität	☐
		trifft Entscheidungen zu langsam	☐
GEWISSENHAFT		manchmal zu pessimistisch	☐
	Ideales Umfeld	Menschen mit ausgeprägt gewissenhafter Verhaltensdimension lassen sich als diszipliniert und besorgt, sorgfältig und genau charakterisieren. Sie versuchen, Schwierigkeiten aus dem Weg zu gehen und möglichst Ordnung zu bewahren. Ihre ideale Arbeitsumgebung ist gekennzeichnet durch:	
		geklärte Erwartungen	☐
		Regeln, Normen	☐
		Begründung für Veränderungen	☐
		Anerkennung für geleistete Arbeit	☐
		klare Aufgabenbeschreibung	☐
		Gelegenheit zum Nachfragen	☐
		Aufgaben, die Genauigkeit benötigen	☐

Zählen Sie nun zusammen, wie viele Kreuze Sie im Bereich »Stärken« in der Übersicht jeweils gemacht haben.

Ihr Ergebnis: D __   I __   S __   G __

Wo Sie die höchste Punktzahl aufweisen, finden Sie die Persönlichkeitsdimension, die bei Ihnen am stärksten ausgeprägt zu sein scheint. Wenn dieser »Typ« optimal zu Ihrer Jobsituation passt, wird Sie das beruflich erfolgreich machen.

D = Dominant Dieser Typ ist wettbewerbsorientiert, möchte gewinnen. Gibt nicht nach und hat keine Angst vor Risiken. (Teamleiter, Abteilungsleiter, Einzelgänger, Bergsteiger usw.)

I = Initiativ Findet es leicht, mit anderen Menschen ins Gespräch zu kommen, mag es, bekannt zu sein und viele Freunde zu haben, weckt Begeisterung für neue Ideen. (Verkäufer, Schauspieler usw.)

S = Stetig Ist ein guter Zuhörer und sehr sensibel für Menschen. Präferiert ein stabiles und vorhersagbares Umfeld. (Krankenschwester, Stewardess usw.)

G = Gewissenhaft Überprüft eigene Arbeit mehrmals, um sicher zu sein, dass die Dinge richtig sind. Erkennt Details und arbeitet an einem eigenen hohen Standard. (Controller, Forscher, Technischer Zeichner usw.)

Dazu noch eine Anmerkung: Natürlich können und sollen die Erkenntnisse über Ihre Persönlichkeitsstruktur nicht Ihre gesamte bisherige berufliche Karriere infrage stellen und Sie zu übereilten Entschlüssen verleiten. Ihren Job zu behalten und maximal innerhalb des Unternehmens zu wechseln, hat derzeit unter den aktuellen Umständen für Sie oberste Priorität. Aber auch dann wird der Test hilfreich sein, um mögliche Optionen besser zu erkennen und aktiv angehen zu können.

4. Stärkenbaustein: Werte

Zum Einstieg eine kleine Geschichte: Frau Vorsichtig arbeitet seit fast zehn Jahren bei »Mode Meyer«, einem alteingesessenen Textilgeschäft. Das Unternehmen stand all die Jahre für klassischen Chic und solide Qualität, und Frau Vorsichtig hat es von der Verkäuferin bis zur Leiterin der Abteilung Damenoberbekleidung gebracht. Doch seit Jahresbeginn ist alles anders: Der Juniorchef hat den Laden übernommen und angesichts sinkender Umsätze »frischen Wind« verordnet. Er fordert neue Ideen für Sortiment und Dekoration, Mut zum

Risiko, modische Experimente, die jüngere Zielgruppen erschließen sollen. Heute werde schließlich nicht mehr jede Jacke für die Ewigkeit gekauft. Frau Vorsichtig ist verzweifelt. Das ist nicht mehr »ihr« Unternehmen.

Frau Vorsichtig erlebt einen klassischen Fall von Wertekollision: Was ihr wichtig ist – hohe Qualität und Tradition – steht plötzlich nicht mehr an erster Stelle. Gefordert sind stattdessen Flexibilität und Offenheit für Neues. Wer an seinem Arbeitsplatz dauerhaft gegen persönliche Überzeugungen handeln muss, wird weder besonders glücklich noch besonders erfolgreich sein. Es lohnt daher, sich zu fragen, welchen Werten man selbst besonders große Bedeutung zumisst.

Was ist mir wichtig? Woran orientiere ich mich?

Das Werteprofil eines Menschen ist ebenso individuell wie sein Fingerabdruck. Denken Sie an die letzte hitzige Diskussion auf einer Familienfeier oder am Arbeitsplatz zurück: Wenn es besonders hoch hergeht, sind häufig unterschiedliche Werte im Spiel. Da macht sich der Onkel für Pflichtbewusstsein und Gehorsam stark und gerät mit dem Neffen aneinander, für den Unabhängigkeit an erster Stelle steht. Oder im Vertrieb entspinnt sich plötzlich eine heftige Auseinandersetzung, weil die eine Hälfte der Abteilung für offensive Vertriebsmethoden plädiert, welche die andere Hälfte dem Kunden gegenüber als »unfair« betrachtet.

Warum ist es so wichtig, nach seinen Werten zu leben, um ein wirklich guter Mitarbeiter zu sein? Könnte man nicht genauso gut die eigenen Bedürfnisse zurückstellen und einfach das tun, was angeordnet wird? Das funktioniert allenfalls für kurze Zeit. Wer auf lange Sicht Höchstleistungen bringen will, muss darauf achten, dass das, was er tut, mit seinen persönlichen Wertvorstellungen im Einklang steht. Geht einem zu vieles gegen den Strich, hat man irgendwann das Gefühl, am falschen Ort zu sein. Die Folge: Die eigenen Kräfte werden nur halbherzig mobilisiert, denn Werte sind der entscheidende Motivationsmotor. Wenn es Ihnen gelingt, Ihre Werte im Beruf zu leben, können Sie sich in Ihrer Arbeit viel mehr entfalten und selbst verwirklichen.

Vor Jahren habe ich einen christlichen Wertekongress initiiert, der mittlerweile knapp 4 000 Menschen zusammenführt. Christliche Werte stehen hoch im Kurs, weil viele Menschen inzwischen begreifen: Zuerst verlieren wir unsere Werte und dann verlieren wir unseren Wohlstand. Mittlerweile weiß es jeder: Die Wertethematik ist aufs Engste mit der Wirtschaftskrise verknüpft. Auch hier werden Sie sich vielleicht fragen, ob in Zeiten, in denen Arbeitsplätze gefährdeter sind denn je und die Jobsicherung eine so wichtige Rolle spielt, ein generelles Überdenken der aktuellen Position eine so gute Idee ist. Wenn Sie jedoch bereits seit längerem feststellen, dass Ihre und die Werte der Firma immer wieder kollidieren, keine Veränderung in Sicht ist und sich Ihnen eine attraktive (und sichere) Alternative bietet, sollten Sie einen Wechsel durchaus in Betracht ziehen. Sie können nur dann zum unverzichtbaren A-Mitarbeiter werden, wenn Sie sich nicht ständig »verbiegen« müssen.

Workshop: Der Wertecheck

Der folgende Test mit einer Skala von 1 bis 10 gibt Ihnen Aufschluss darüber, welche Werte Ihnen wichtig sind und welche Werte in Ihrer Firma gelebt werden. Bei dem Fragebogen handelt es sich um einen Online-Test, den Sie unter *www.persolog.net/wertecheck.html* auswerten können. Dort wird der sogenannte Wertespannungsindex errechnet, der Ihnen sagt, wie Ihre Werte zum Unternehmen passen. Wir empfehlen Ihnen, den Test schon einmal hier im Buch auszufüllen.

Passen meine Werte zum Unternehmen?

	Nicht wichtig		wenig wichtig			wichtig			sehr wichtig	
I. Ihre persönlichen Werte	1	2	3	4	5	6	7	8	9	10
1. Ehrlichkeit: Wie wichtig ist Ihnen, dass Mitarbeiter/Kollegen ehrlich sind in Wort und Tat?										
2. Integrität: Wie wichtig ist Ihnen ein integres (unbestechliches und moralisch handelndes) Unternehmen?										
3. Vertrauen: Vertrauen Sie Menschen und möchten Sie, dass man Ihnen vertraut?										
4. Offenheit: Sind Sie offen für neue Ideen und Vorschläge? Ist es Ihnen wichtig, neue Ideen angstfrei aussprechen und Vorschläge einbringen zu können?										

5. Risikobereitschaft: Wie wichtig ist Ihnen ein Umfeld, in dem Sie auch unpopuläre Entscheidungen treffen können, wenn Sie von etwas überzeugt sind?										
6. Anerkennung: Wie wichtig ist für Sie, dass gute Leistungen auch anerkannt werden?										
7. Selbstlosigkeit: Wie wichtig ist für Sie die alte Tugend: »Gemeinwohl kommt vor Eigenwohl?«										
8. Mentoring: Jeder Mensch braucht Förderung und Anleitung. Wie wichtig ist es Ihnen, dass sich Mitarbeiter wie Führungskräfte ausreichend Zeit nehmen, anderen zu helfen und sie anzuleiten?										
II. Die Werte Ihrer Organisation	1	2	3	4	5	6	7	8	9	10
1. Ehrlichkeit: Wie genau nimmt man es mit der Wahrheit in Ihrem Arbeitsumfeld? Wird Ehrlichkeit in Ihrem Unternehmen gelebt?										
2. Integrität: Wird Integrität bei Ihnen gelebt? Ist es in Ihrem Arbeitsumfeld wichtig, unbestechlich und moralisch einwandfrei zu handeln?										
3. Vertrauen: Vertraut man in Ihrem Unternehmen den Mitarbeitern? Oder sind Kontrollen und misstrauische Nachfragen an der Tagesordnung?										
4. Offenheit: Ist in Ihrem Unternehmen vorurteilsfreies Handeln möglich? Ist es erwünscht und wichtig, neuen Vorschlägen erst einmal mit Offenheit zu begegnen?										
5. Risikobereitschaft: Wird es als wichtig angesehen, dass Mitarbeiter kalkulierbare Risiken eingehen und den Mut haben, unpopuläre Entscheidungen zu treffen?										

6. Anerkennung: Wird es als wichtig angesehen, Mitarbeitern mit Wertschätzung und Anerkennung zu begegnen? Werden gute Leistungen honoriert?									
7. Selbstlosigkeit: Wird eine Kultur des Miteinanders auch in schweren Zeiten gefördert, oder achtet jeder nur auf sich selbst? Ist es den Mitarbeitern wichtig, für ihre Kollegen einzustehen?									
8. Mentoring: Jeder Mensch braucht Förderung und Anleitung. Ist dies im Unternehmen bekannt und wichtig? Werden Maßnahmen ergriffen, damit jeder Mitarbeiter seinen Begabungen entsprechend gefördert und begleitet wird?									

Service: Sie können das Arbeitsblatt auf der Webseite zu diesem Buch (*www.sobehalten sieihrenjob.de*) kostenlos herunterladen, ausdrucken und ausfüllen!

Um die Lösung zu erfahren, gehen Sie einfach im Internet auf *www.persolog.net/wertecheck.html*. Dort werden neben Ihrem persönlichen Werteindex auch der Unternehmensindex sowie Ihr Wertespannungsindex errechnet und mit den Ergebnissen einer weltweiten Befragung verglichen: Ihr Werteindex gibt an, wie wichtig Ihnen bestimmte Werte im Arbeitsalltag sind, der Unternehmensindex zeigt, wie stark diese Werte Ihrer Einschätzung nach bei Ihrem Arbeitgeber gelebt werden, und der Wertespannungsindex verdeutlicht, wie stark Ihr Wertesystem und das des Unternehmens sich decken.

Die im Internet errechneten Ergebnisse können Sie hier eintragen:

Ihr persönlicher Werteindex: ☐
Der Unternehmensindex: ☐
Ihr Wertespannungsindex (VTI): ☐

Ein hoher Wertespannungsindex (über 21 Punkte) bedeutet, Ihre Werte und Ihre Einschätzung der Unternehmenswirklichkeit klaffen weit auseinander. Das Betriebsklima ist schlecht, es herrschen Verunsicherung und Angst, »Dienst nach Vorschrift« greift um sich. Sie fühlen sich nicht wohl und überlegen, wie es unter diesen Umständen für Sie weitergehen soll. Spitzenleistungen zu erbringen fällt in einem solchen Umfeld schwer.

Mein Tipp: Ihre Jobsicherheit ist Ihnen wichtig – was können Sie also tun? Tragen Sie dazu bei, das Klima zu verbessern. Arbeiten Sie daran mit, dass Werte beachtet und Meinungen geäußert werden. Gehen Sie mit gutem Beispiel voran – auch bei der Arbeit selbst. Versuchen Sie, langsam, aber stetig eine Veränderung zu erreichen, die Ihr Verbleiben in der Firma zu einer positiven, erfüllenden Möglichkeit macht.

5. Stärkenbaustein: Wünsche

»I have a dream« – mit diesem Bekenntnis und dem Traum von einer gerechteren Gesellschaft hat der amerikanische Bürgerrechtler Martin Luther King die Rassendiskriminierung ins Wanken gebracht und die Vereinigten Staaten tiefgreifend verändert. Wenn Motivationsfaktoren und Werte der Motor Ihres Erfolgs sind, Kompetenzen das Motoröl und Persönlichkeit der Brennstoff, dann sind Ihre Wünsche das Navigationssystem, das Ihnen die Richtung vorgibt. Fragen Sie sich deshalb einfach, ohne lange zu überlegen, welches Ihre Wünsche sind.

Wonach sehne ich mich?

Diese Frage ist eine der wichtigsten Lebensfragen überhaupt. In meinem Buch *Dem Leben Richtung geben* haben wir deshalb den Wünschen in verschiedenen Lebensbereichen – Familie, Freizeit, Gesellschaft, Beruf, Gesundheit, Spiritualität – ein eigenes Kapitel gewidmet. Natürlich wissen wir, dass nicht jeder Wunsch wahr werden kann. Für ein erfülltes Leben ist es trotzdem wichtig, sich seine Träume zu bewahren. Nur wer immer wieder über den aktuellen Horizont hinaus schaut, schöpft sein Potenzial wirklich aus. Wer sich unter dem Diktat des »Machbaren« und »Vernünftigen« voreilig von allen Wünschen verabschiedet, bleibt im Hier und Jetzt stecken.

In diesem Buch konzentrieren wir uns auf Beruf und Karriere. Was wünschen Sie sich für Ihr Berufsleben? Was würden Sie sagen, wenn eine gute Fee Ihnen Ihre Jobwünsche erfüllen würde? Welche Position hätten Sie gerne? Welche Aufgaben würden Sie am liebsten übernehmen? Was steht ganz oben auf Ihrer Liste: mehr Einfluss, mehr Gestaltungsmöglichkeiten, mehr Geld? Machen Sie

sich für dieses gedankliche Experiment frei von allen Wenn und Aber, die Sie gerade bewegen, weil kein Arbeitsplatz mehr sicher und der Zeitpunkt zum Wünschen nicht ideal erscheint. Nur so kommen Sie Ihren Wünschen auf die Spur – und können deren Kraft nutzen!

Workshop: Mein persönlicher Jobwunschzettel

Machen Sie eine Liste all dessen, was Sie sich für Ihr Berufsleben wünschen. Das können materielle Dinge (ein Firmenwagen, ein grö-

Meine wichtigsten Jobwünsche im Wettstreit

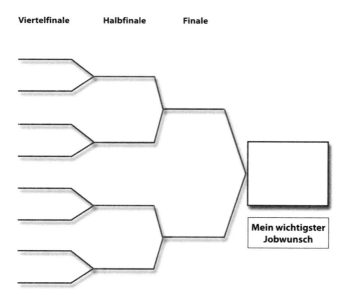

Service: Sie können das Arbeitsblatt (inklusive Beispiel) auf der Webseite zu diesem Buch (*www.sobehaltensieihrenjob.de*) kostenlos herunterladen, ausdrucken und ausfüllen!

ßeres Büro, eine bestimmte Position) ebenso sein wie immaterielle Dinge, zum Beispiel Aufgaben, an denen Sie wachsen können:

___

Ermitteln Sie nun Ihren wichtigsten Jobwunsch. Am besten geht das, indem Sie Ihre Wünsche schrittweise gegeneinander abwägen: Wenn es hart auf hart käme, welcher der Wünsche wäre Ihnen dann wichtiger? Nutzen Sie dafür das Arbeitsblatt auf Seite 108.

Service: Sie können das Arbeitsblatt auf der Webseite zu diesem Buch (*www.sobehaltensieihrenjob.de*) kostenlos herunterladen, ausdrucken und ausfüllen!

Zusammenfassung meiner Stärken

Nachdem Sie sich ausgiebig mit den fünf Bausteinen Ihrer persönlichen Stärke auseinandergesetzt haben, können Sie jetzt Ihr persönliches Stärkenprofil festhalten. Füllen Sie dazu einfach die Zielscheibe auf Seite 109 aus.

Auf einen Blick

- Wer sich auf seine Stärken konzentriert und diese konsequent ausbaut, legt die Basis für seinen Erfolg und die Sicherheit seines Jobs.
- Stärken zu stärken bringt mehr, als an seinen Schwächen mühsam herumzudoktern. Schwächen kann man mit viel Mühe in Durchschnittsleistungen verwandeln, Stärken dagegen mit weniger Mühe zu Spitzenleistungen ausbauen.
- Ihr Stärkenprofil setzt sich aus fünf Bausteinen zusammen: Ihren Kompetenzen und Motivationsfaktoren, Ihrer Persönlichkeit, Ihren Werten und Wünschen.
- Das persolog® Persönlichkeits-Profil, ein Wertecheck und andere Instrumente helfen Ihnen, sich über Ihre persönlichen Stärken klar zu werden.
- Je mehr Sie sich Ihrer Stärken bewusst sind, desto mehr können Sie diese im Arbeitsalltag einsetzen und desto leichter werden Sie durch Spitzenleistungen unkündbar.

Schritt 4: Jobsituation analysieren. Finden Sie heraus, wo Sie stehen

Jeder Standpunkt ist unerträglich, aber gar keinen
Standpunkt zu haben, das ist noch unerträglicher.
Gottfried Benn

Einführung: Wann haben Sie das letzte Mal in Ruhe über Ihren Job nachgedacht? Nein, der alltägliche Ärger über Verzögerungen im Projekt X oder eine bessere Zusammenarbeit mit dem Kollegen Y zählen nicht. Gemeint ist, wann Ihnen Ihre berufliche Gesamtsituation zuletzt durch den Kopf gegangen ist. Gerade wenn im Unternehmen angesichts aktueller Entwicklungen Veränderungen anstehen, die auch den Personalbereich betreffen, ist es wichtig für Sie zu wissen, wo Sie stehen. Geht es dann konkret um Ihre Position in der Firma, können Sie mit Ihrem Chef darüber reden, wie Sie sich (noch) besser einbringen könnten. Böse Zungen behaupten, manch einer verwende mehr Zeit und Überlegung auf die Vorbereitung eines Urlaubs als auf die Analyse seiner Arbeitssituation. Falls Sie sich ertappt fühlen – mit diesem Kapitel kann sich das entscheidend ändern. Wir nehmen gemeinsam Ihren Job unter die Lupe. Dabei schauen wir uns nacheinander Ihre Hauptaufgaben, Ihre Arbeitszufriedenheit, die Qualität Ihrer Arbeit und die Einstellung Ihres Umfelds an. So haben Sie den besten Überblick und eine solide Grundlage für alle weiteren Entscheidungen.

Ihre Stärken sind Ihr Kapital. Das haben Sie auf den letzten Seiten sehr deutlich lesen können. Wie passt Ihr Arbeitsplatz dazu? Wirft Ihr Kapital dort Zinsen ab, oder liegt es ungenutzt herum (wie im Fall 1 in der Abbildung auf Seite 79)? Sie erinnern sich – es geht darum, Stärken und Jobsituation möglichst zur Deckung zu bringen (Fall 3).

Dabei gilt der Grundsatz: Stärken sind mehr oder minder fix, die Jobsituation ist – in einem gewissen Rahmen – veränderbar. Damit ist nicht zwangsläufig ein Jobwechsel gemeint. Danach steht Ihnen wahrscheinlich derzeit auch gar nicht der Sinn. Es geht vielmehr um konkrete Veränderungen an Ihrem Arbeitsplatz oder innerhalb des Unternehmens, und das ist ja Ihr Wunsch. Die entscheidende Frage lautet: Wie stark überschneiden sich Ihre Stärken und Ihre Aufgaben bereits? Um sie zu beantworten, schauen wir uns jetzt gemeinsam Ihren Arbeitsplatz genau an.

Ihr Job unter der Lupe

Wie sieht Ihr Arbeitsalltag aus? Beschäftigen Sie sich wirklich mit den Dingen, die Ihnen liegen und die zu Ihnen passen? Wenn ja, haben Sie die Idealsituation schon erreicht – Glückwunsch! Oder hadern Sie häufiger mit Ihren Aufgaben, fühlen sich überfordert oder gelangweilt? Dann ist die Übereinstimmung zwischen Ihren Stärken und Ihrem Job vermutlich gering. Wollen Sie Ihren Arbeitsplatz sichern, besteht akuter Handlungsbedarf.

Fünf Dinge, die Sie über Ihren Job wissen sollten

Auf die Frage »Und wie läuft's im Job?« reagieren viele Menschen achselzuckend oder gar ausweichend: »Geht so«, »Muss ja!« oder »Ganz gut!« sind typische Antworten. Allenfalls wird noch über Stress gejammert oder von einem aktuellen Projekt erzählt. Nur ganz selten treten wir einen Schritt zurück und reflektieren die Gesamtsituation an unserem Arbeitsplatz. Genau das wollen wir jetzt aber tun. Auf fünf Fragen zum Thema Job sollten Sie eine präzise Antwort haben:

- Was sind meine Hauptaufgaben?
- Wie zufrieden bin ich mit meinem Arbeitsplatz?
- Wie gut ist die Arbeit, die ich leiste?
- Wie viele der fünf Ja meiner Mitmenschen habe ich?
- Wie beurteile ich Gehalt, Position und Ort meiner Arbeit?

Im letzten Kapitel haben wir die fünf Pfeile unter die Lupe genommen, die für Ihren Job entscheidend sind – die Stärken, die Ihren Erfolg am Arbeitsplatz ausmachen. Jetzt schauen wir, worauf sich diese Pfeile richten – auf Ihren Job (siehe Grafik unten).

Zu jedem dieser Punkte werden wir Sie bitten, einen kleinen Test zu machen oder eine Tabelle auszufüllen, in der Sie Ihre Einschätzung systematisch festhalten. Im besten Fall werden sich Ihre Stärken sehr stark (80 Prozent wären ideal) mit Ihren Jobaufgaben überschneiden. Sehen Sie sich die folgende Grafik an: Die Pfeile treffen ins Schwarze. Hier passen Job und Stärken ideal zusammen.

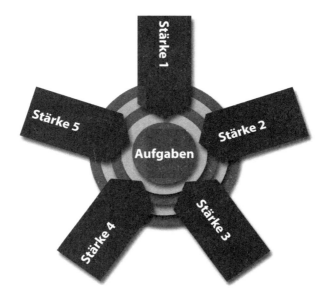

Sieht das Ganze dagegen so aus, wie in der Grafik auf Seite 115 – Sie verfehlen deutlich Ihr Ziel –, sollten Sie dringend etwas ändern, denn hier berühren sich Jobaufgaben und Stärken nicht einmal – sie passen überhaupt nicht zusammen.

1. Jobfaktor: Was sind meine Hauptaufgaben?

Anders formuliert: Wofür tragen Sie Verantwortung? Die Frage mag Sie zunächst verblüffen, da Sie wahrscheinlich Tag für Tag ganz

selbstverständlich »Ihren Job machen«. Doch worin besteht der genau? Arbeitsinhalte verändern sich im Laufe der Zeit, und womöglich hat das, was Sie heute tun, nur noch wenig mit der Stellenbeschreibung bei Ihrem Jobstart zu tun. Listen Sie Ihre Arbeitsbereiche und Verantwortlichkeiten einmal detailliert auf, und Sie werden einen klaren Überblick bekommen, wie es in Ihrer Jobsituation aussieht, welche Inhalte Sie gerne ausbauen und welche Sie lieber heute als morgen abgeben würden.

Denken Sie daran: Auch Ihr Chef muss wissen, ob Sie an Ihrem Arbeitsplatz Ihre Stärken optimal zugunsten der Firma einsetzen können. Verlassen Sie sich nicht darauf, dass er sich selbst genau mit dieser Frage beschäftigt. Für ihn zählt letztlich nur das Ergebnis Ihrer Arbeit. Kommen Sie von sich aus mit Vorschlägen auf ihn zu, wie Sie sich noch besser als Problemlöser einbringen können, wird er Ihre Eigeninitiative zu schätzen wissen.

Übersicht: Jobanalyse und Aufgabenbeschreibung (Beispiel)

	Bereich 1 *Assistenz der Geschäftsleitung*	Bereich 2 *Gestaltung von Drucksachen und Werbematerialien*	Bereich 3 *CDs kopieren für unterschiedliche Auftraggeber*
Wie heißt Ihre Position?	Sekretärin	Sekretärin	Kopier- und Postdienste
Welche Kompetenzen/ Entscheidungsbefugnisse haben Sie?	Zeit- und Telefonmanagement für den Vorgesetzten	Kontakt halten zu Grafiker und Kommunikationsdesigner	Einkauf von CDs, Entscheidung über Produktionsvorgänge
Wer ist Ihr Vorgesetzter?	Dr. Maier, Geschäftsführung	Alle Bereichsleiter	Frau Müller, Seminarleitung
Was sind Ihre Aufgaben?	Organisation, Korrespondenz, alle Sekretariatsaufgaben	Design und Layout von Werbeprospekten, Katalogen und Drucksachen entsprechend der Corporate Identity in Auftrag geben	Vervielfältigung der im Haus produzierten Software und Hörbücher
Was ist das Ziel Ihrer Tätigkeit im jeweiligen Bereich?	Durch professionelles Zeitmanagement die große Menge der Verpflichtungen des Geschäftsleiters organisieren	Durch gutes Design auffallen, neue Kunden gewinnen	CDs günstig und in guter Qualität produzieren
Ihr Beitrag dazu?	Koordinierung von Terminen; dem Chef »den Rücken freihalten«	Durch ansprechende Grafiken und geschickten Aufbau die Kunden zum Lesen der Texte und zum Kauf der Produkte anregen	Den Vorgang optimieren durch die richtige Soft- und Hardware; Erstellen eines Zeitplans

Übersicht: Jobanalyse und Aufgabenbeschreibung

	Bereich 1	Bereich 2	Bereich 3
Wie heißt Ihre Position?			
Welche Kompetenzen/Entscheidungsbefugnisse haben Sie?			
Wer ist Ihr Vorgesetzter?			
Was sind Ihre Aufgaben?	a) _____ b) _____ c) _____ d) _____	a) _____ b) _____ c) _____ d) _____	a) _____ b) _____ c) _____ d) _____
Was ist das Ziel Ihrer Firma im jeweiligen Bereich?			
Ihr Beitrag dazu?			

Service: Sie können das Arbeitsblatt auf der Webseite zu diesem Buch (*www.sobehalten sieihrenjob.de*) kostenlos herunterladen, ausdrucken und ausfüllen!

Meine Verantwortungsbereiche

Beginnen Sie Ihre Jobanalyse mit einer ausführlichen Beschreibung Ihrer Aufgaben. Dazu haben wir ein Formular entwickelt, das gleichzeitig Ihren Blick für Ihren Beitrag zum Unternehmenserfolg schärft. Schauen Sie sich das Beispiel auf Seite 116 an und füllen Sie dann Ihr eigenes Formular entsprechend aus (Seite 117).

Denken Sie nach dem Ausfüllen zurück an Ihr Stärkenprofil. Fragen Sie sich, welche Ihrer Arbeitsbereiche einer ersten Einschätzung nach besonders gut zu Ihren Stärken passen. Markieren Sie diese Kästchen im Formular mit einem grünen Textmarker. Welche Ihrer Arbeitsbereiche überlappen sich überhaupt nicht mit Ihren Stärken? Markieren Sie diese Kästchen im Formular mit einem roten Textmarker. Und schließlich: In welchen Arbeitsbereichen können Sie hin und wieder Ihre Stärken einsetzen? Markieren Sie diese Kästchen mit einem gelben Textmarker.

Die verwendeten Farben für Ihre Markierungen, auf die Sie in diesem Kapitel noch häufiger stoßen, orientieren sich am Ampelprinzip. Grün bedeutet: alles in Ordnung, damit können Sie weiterarbeiten. Gelb bedeutet: erhöhte Aufmerksamkeit, hier müssen Sie etwas genauer hinschauen. Rot bedeutet: Achtung, hier ist Gefahr im Verzug, es besteht akuter Handlungsbedarf.

2. Jobfaktor: Wie zufrieden bin ich mit meinem Arbeitsplatz?

Wie wohl fühlen Sie sich in Ihrem Job? Ihre Antwort ist ein wichtiges Indiz dafür, ob Sie an Ihrer Arbeitssituation etwas ändern sollten oder ob diese Ihrem Traumjob schon ziemlich nahekommt. Wir haben deshalb eine detaillierte Checkliste entwickelt, mit der Sie den Grad Ihrer Zufriedenheit ermitteln können. Wenn Sie sich nicht voll entfalten können, liegt das möglicherweise daran, dass Sie nicht an der richtigen Stelle eingesetzt werden oder Ihr Arbeitsplatz anders strukturiert werden müsste. Bedenken Sie das, wenn es um das Thema Jobsicherheit geht.

Der Test auf Seite 120 ermöglicht Ihnen eine präzise Einschätzung Ihrer Arbeitszufriedenheit. Kreuzen Sie möglichst spontan an und vergeben Sie dabei für die einzelnen Arbeitsbedingungen Schulnoten von 1 bis 6. Wenn Sie jetzt vielleicht einwenden möchten, dass es doch bei der Sicherung Ihres Arbeitsplatzes nicht unbedingt um Ihre, sondern vor allem um die Zufriedenheit Ihres Vorgesetzten geht, kann ich Ihnen nur sagen: Ohne das eine – Ihre Befriedigung im Job, weil Sie sich ausgefüllt und gefordert fühlen – wird sich das andere – ein zufriedener Chef, für den Sie unersetzlich sind – nicht einstellen!

Test: Meine Arbeitszufriedenheit

	1 Sehr gut	2 Gut	3 Befriedigend	4 Ausreichend	5 Mangelhaft	6 Ungenügend
Qualität der Arbeit						
Betriebsklima						
Kollegen						
Vorgesetzte						
Möglichkeit, eigene Fähigkeiten einzubringen						
Führungsstil						
Entscheidungsspielräume						
Möglichkeiten zum Engagement (eigene Ideen, neue Projekte)						
Innerbetriebliche Kommunikation und Kooperation mit anderen Abteilungen						
Arbeitsbedingungen (Technik, Ausstattung)						
Arbeitsorganisation (Effizienz)						
Fort- und Weiterbildungsmöglichkeiten						
Arbeitsplatzsicherheit						
Gehalt, Einkommen						

Service: Sie können den Test auf der Webseite zu diesem Buch (*www.sobehaltensie ihrenjob.de*) kostenlos herunterladen, ausdrucken und ausfüllen!

Addieren Sie alle Noten, die Sie vergeben haben: ___

Teilen Sie Ihr Ergebnis anschließend durch 14. Die Durchschnittsnote gibt den allgemeinen Grad Ihrer Zufriedenheit an:

Meine Zufriedenheit hat im Durchschnitt die Note: ___

Werfen Sie abschließend einen Blick auf Ihre Zufriedenheitsskala: Welche Arbeitsbedingungen drücken die Note nach unten (= sind schlechter als Ihre Durchschnittsnote)? Markieren Sie diese Bereiche mit einem roten Textmarker. Welche Arbeitsbedingungen heben die Note nach oben (= sind besser als Ihre Durchschnittsnote)? Markieren Sie diese Bereiche mit einem grünen Textmarker.

So erhalten Sie weitere Hinweise darauf, was sich an Ihrer Jobsituation zukünftig ändern sollte.

3. Jobfaktor: Wie gut ist die Arbeit, die ich leiste?

In Schritt 2 (»Den Chef verstehen«) haben Sie eine erste Einschätzung getroffen, ob Sie ein A-, B- oder C-Mitarbeiter sind. Jetzt bohren wir etwas tiefer: Wie gut sind Ihre Leistungen in 14 verschiedenen Bereichen auf einer Skala von 1 bis 5? Mit dem Test zur Arbeitsqualität auf Seite 122 geben wir Ihnen Kriterien für eine systematische Selbsteinschätzung an die Hand. Diese Übung lohnt sich in jedem Fall: Sie wirft exakt die Fragen auf, die sich auch Ihr Chef regelmäßig stellt. Damit legt der Fragebogen schonungslos offen, wie Sie mit Ihrer Situation zurechtkommen.

Stehen in einem Unternehmen Arbeitsplätze auf dem Prüfstand, so sind Sie anhand dieses Bogens genau im Bilde, ob Sie eventuell auf der Liste der Wackelkandidaten stehen – im Idealfall haben Sie nach der Auswertung schon an den kritischen Fragen gearbeitet. Übrigens: In gut geführten Firmen wird ein solcher Bewertungsbogen jedes Jahr ausgefüllt, und zwar vom Mitarbeiter und von sei-

Test: Meine Arbeitsqualität

Kriterium	Note 5	Note 4	Note 3	Note 2	Note 1	Ihre Note
Fachkompetenz, Fachkenntnisse	Unzureichendes Können: Trotz Unterstützung bewältigen Sie Ihre Aufgaben nicht.	Nicht immer ausreichendes Können: Sie brauchen häufig (wöchentlich) Hilfe und Unterstützung.	Ausreichendes Können: Ihre Fachkenntnisse sind normaler Durchschnitt; Sie brauchen nur gelegentlich Unterstützung.	Gutes Können: Sie sind selbstständig und sicher. Nur sehr selten und bei besonderen Schwierigkeiten brauchen Sie Unterstützung.	Sehr gutes Können: Ihre Fachkompetenz ist höher, als es Ihre Position erfordert. Sie urteilen und handeln auch in schwierigen Fragen stets sicher.	
Weiterbildung	Dazu haben Sie einfach keine Lust: Wenn möglich, lehnen Sie Weiterbildungsmaßnahmen ab.	Das ist Ihnen eher gleichgültig: Sie nehmen nur nach Aufforderung an Weiterbildungen teil.	So etwas halten Sie hin und wieder für nützlich: Sie nehmen angebotene Weiterbildungsmaßnahmen in der Regel wahr.	Weiterbildung ist für Sie wichtig: Sie bemühen sich aktiv darum und nehmen gerne an Firmenmaßnahmen teil.	Dieser Punkt ist für Sie sehr wichtig: Sie halten sich selbstständig (auch in Ihrer Freizeit und auf eigene Kosten) durch Weiterbildung fit.	
Einsatzbereitschaft	Sie sind sehr träge und drücken sich, wann immer es möglich ist. Hin und wieder machen Sie einfach blau.	Sie sind eher langsam, gleichgültig und uninteressiert.	Sie machen Ihren Job – solide und ohne große Hetze. Auf Aufforderung sind Sie durchaus bereit, mehr zu tun.	Ihre Arbeit erledigen Sie zügig, effizient und selbstverantwortlich.	Sie leisten von sich aus kontinuierlich mehr als nötig und wollen stets Bestleistungen erbringen.	
Zusammenarbeit	Sie wollen Ihre Ruhe und sichern sie durch abweisendes, manchmal unkollegiales Verhalten. Sie sind eher isoliert.	Sie arbeiten lieber für sich, gehen gerne eigene Wege und sind nicht sonderlich beliebt.	Sie sind offen für Zusammenarbeit, ordnen sich ein und arbeiten im Team mit, wenn dies erforderlich ist.	Sie arbeiten gerne im Team, sind kooperativ und auf gute Zusammenarbeit bedacht.	Sie sorgen aktiv für gute Zusammenarbeit in der Abteilung, gehen auf andere zu und können sie mitreißen. Sie sind hilfsbereit und beliebt.	

Schritt 4: Jobsituation analysieren   **123**

Kriterium	Note 5	Note 4	Note 3	Note 2	Note 1	Ihre Note
Einstellung zu Firma und Vorgesetzten	Sie sind rebellisch, lehnen das Unternehmen und Ihren Chef ab. Sie versuchen, andere auf Ihre Seite zu ziehen und sie negativ zu beeinflussen.	Sie sind unbeteiligt oder betont misstrauisch. Wird die gewohnte Routine durchbrochen, reagieren Sie erst einmal mit Widerstand.	Sie kommen im Allgemeinen gut mit der Firma und Ihrem Chef klar, verhalten sich korrekt.	Sie stehen Firma und Chef grundsätzlich positiv gegenüber und bringen auch bei Schwierigkeiten Verständnis für beide auf.	Sie stehen voll hinter der Firma und Ihrem Chef, tragen stark zu einem guten Betriebsklima bei und üben einen bemerkenswert guten Einfluss auf andere aus.	
Bereitschaft, flexibel zu arbeiten	Sie sind prinzipiell nicht bereit, Ihre Arbeitszeit anzupassen und flexibel zu arbeiten.	Sie sind nur ungern bereit, Ihre Arbeitszeit anzupassen und flexibel zu arbeiten.	Sie sind bereit, Ihre Arbeitszeit anzupassen und flexibel zu arbeiten, wenn dies nicht anders geht.	Sie sind gerne bereit, Ihre Arbeitszeit anzupassen und flexibel zu arbeiten, wenn immer der Betriebsablauf es erfordert.	Sie stimmen selbstständig Ihre Arbeitszeit auf den Arbeitsanfall ab (auch abteilungsübergreifend). Mehrarbeit bei Bedarf ist selbstverständlich für Sie.	
Mitarbeit an Verbesserungsprozessen	Sie beteiligen sich selten oder nie, verweigern die Mitarbeit bei Jobrotation, KVP (Kontinuierlichen Verbesserungsprozessen) etc.	Sie beteiligen sich nur nach Aufforderung, arbeiten eingeschränkt bei Jobrotation, KVP etc. mit.	Sie machen gelegentlich Verbesserungsvorschläge und arbeiten selbstverständlich bei Jobrotation, KVP etc. mit.	Sie machen öfter gute Verbesserungsvorschläge und arbeiten engagiert bei Jobrotation, KVP etc. mit.	Sie machen ständig Verbesserungsvorschläge, sind ein innovativer Ideenlieferant und wichtiger Motor bei KVP etc.	
Arbeitstempo	Sie hinken meist hinter zeitlichen Vorgaben her, sind langsamer als andere.	Sie sind bedächtig, ein langsamer Typ und haben öfter Mühe, zeitliche Vorgaben einzuhalten.	Sie sind durchschnittlich schnell, mal zügiger, mal langsamer. In der Regel halten Sie zeitliche Vorgaben ein.	Sie arbeiten gleichmäßig zügig und haben keine Probleme mit zeitlichen Vorgaben.	Sie arbeiten außerordentlich zügig und unterbieten zeitliche Vorgaben öfter.	
Arbeitsqualität, Arbeitsgüte	Ihre Arbeitsergebnisse sind oft unzureichend und unbrauchbar.	Ihre Arbeitsergebnisse sind brauchbar; allerdings arbeiten Sie oft oberflächlich und vergessen Details.	Ihre Arbeitsergebnisse sind mal besser, mal schlechter, im Allgemeinen aber gut.	Ihre Arbeitsergebnisse sind gut; Sie arbeiten zuverlässig und gewissenhaft.	Ihre Arbeitsergebnisse sind sehr gut; Sie arbeiten äußerst zuverlässig und gewissenhaft.	

Kriterium	Note 5	Note 4	Note 3	Note 2	Note 1	Ihre Note
Planung, Selbstständigkeit	Sie haben keinen Überblick, vergessen häufig Dinge und brauchen oft Anleitung.	Ihnen rutscht schon mal etwas durch; Sie brauchen wiederholt Erläuterungen und Berichtigungen.	Sie verstehen Ihren Job und planen Ihren Arbeitsalltag zuverlässig.	Ihren Arbeitsalltag haben Sie gut im Griff. Sie verstehen weiter gesteckte Pläne und erledigen sie zielstrebig.	Ihren Arbeitsalltag haben Sie perfekt im Griff. Sie setzen sich selbst ehrgeizige neue Ziele, planen realistisch und verwirklichen Ihre Planung.	
Gesundheit, Krankenstand	Sie sind durchschnittlich über 10 Tage pro Jahr krank.	Sie sind durchschnittlich 9 bis 10 Tage pro Jahr krank.	Sie sind durchschnittlich 6 bis 8 Tage pro Jahr krank.	Sie sind durchschnittlich 3 bis 5 Tage pro Jahr krank.	Sie sind durchschnittlich 0 bis 2 Tage pro Jahr krank.	
Kundenbezug	»Das Einzige, was stört, ist der Kunde!« – der Spruch könnte von Ihnen sein.	Sie schätzen die Bedürfnisse der Kunden oft falsch ein und empfinden diese zu oft und wieder als lästig.	Sie sind der Meinung, der Kunde bezahlt Ihr Gehalt und ist entsprechend korrekt zu behandeln.	Für Sie ist der Kunde König. Sie gehen, wenn möglich, auf Kundenwünsche ein.	Sie sind hochsensibel für Kundenbedürfnisse und setzen diese konsequent um. Sie möchten Ihre Kunden begeistern.	
Zielerreichung	Sie legen sich nicht besonders für Ihre Ziele ins Zeug. Ziele setzen Sie sich eher oberflächlich, auf äußeren Druck.	Sie erreichen Ihre Ziele hin und wieder und bemühen sich, gesetzte Ziele zu verwirklichen.	Sie arbeiten konsequent mit schriftlich festgelegten Zielsetzungen und erreichen diese zu mehr als 50 Prozent.	Sich schriftlich Ziele zu setzen ist für Sie selbstverständlich – und zu 80 Prozent erreichen Sie Ihre Ziele auch.	Sie übertreffen Ihre Zielvereinbarungen im Allgemeinen und beeindrucken Vorgesetzte wie Kunden durch Ihre Zielorientierung.	
Kommunikation	Es fällt Ihnen schwer, sich mündlich oder schriftlich auszudrücken.	Sie besitzen ausreichende mündliche und schriftliche Fähigkeiten.	Sie haben durchschnittliche mündliche und schriftliche Fähigkeiten.	Sie besitzen gute mündliche und schriftliche Fähigkeiten.	Sie besitzen erstklassige mündliche und schriftliche Fähigkeiten.	

Service: Sie können den Test auf der Webseite zu diesem Buch (*www.sobehaltensieihrenjob.de*) kostenlos herunterladen, ausdrucken und ausfüllen!

nem Vorgesetzten. Anschließend legen beide Parteien die Ergebnisse nebeneinander und sprechen darüber. Vielleicht können Sie Ihren Chef auch für dieses Verfahren gewinnen?

Bemühen Sie sich beim Ausfüllen um eine realistische Selbsteinschätzung. Addieren Sie anschließend alle Noten und teilen Sie das Ergebnis durch 14; dann erhalten Sie Ihre Durchschnittsnote.

Meine Leistung hat im Durchschnitt die Note: ____

Was sagt Ihnen Ihre Durchschnittsnote? Glückwunsch, wenn Ihre Note zwischen 1,0 und 1,9 liegt – Sie sind ein A-Mitarbeiter. Bei 2,0 bis 2,9 zählen Sie zu den B-Mitarbeitern, und bei allen Noten ab 3,0 sollten alle Alarmglocken schrillen: Das sind die Werte für C-Mitarbeiter! Ab Seite 58 in Schritt 2 finden Sie Vorschläge, was Sie tun können, um Ihren Status zu verbessern. Markieren Sie alle Zeilen, in denen Ihre Note bei 3 und schlechter liegt, mit einem roten Textmarker. Wie kommt es zu dieser miserablen Einschätzung? Wie können Sie die Situation verbessern? Markieren Sie alle Zeilen, in denen Ihre Note bei 2 liegt, mit einem gelben Textmarker. Wie können Sie hier noch besser werden?

4. Jobfaktor: Wie viele der fünf Ja habe ich?

Wie stehen Kollegen, Kunden, Vorgesetzte zu Ihrem Engagement im Job? Wie Sie selbst und Ihr Partner? Machen wir uns nichts vor: Wenn Sie mit Ihrem Job rundum zufrieden sind, dann haben Sie die »Fünf Ja« – zum einen, weil Ihr Engagement im Unternehmen stimmt, zum anderen, weil Ihre Zufriedenheit sich positiv auf Ihr Privatleben auswirkt. Das sind gute Voraussetzungen, sich zu einem geschätzten A-Mitarbeiter zu entwickeln.

Je stärker Ihr Umfeld Sie mitträgt, desto eher werden Sie Spitzenleistungen bringen. Jedes Ja ist dabei wichtig, jedes Ja muss eingeholt werden. Nutzen Sie die Checkliste auf Seite 126.

Checkliste: Meine Unterstützer

Ihr eigenes »Ja« Haben Sie Ihr eigenes Ja zum Unternehmen? Glänzen Ihre Augen, wenn Sie von Ihrer Firma erzählen, und reden Sie nicht schlecht über die Firma, wenn Sie meinen, dass es keiner hört (z. B. im Freundeskreis oder am Stammtisch)?	☐
Das »Ja« der Kollegen Haben Sie sich in die Gemeinschaft eingefügt? Sind Sie rücksichtsvoll und hilfsbereit? Werden Sie von Ihren Kollegen akzeptiert?	☐
Das »Ja« Ihrer Kunden Kundenfeedback ist wichtig. Wenden Kunden sich gerne an Sie? Haben Sie es geschafft, eine hohe Kundenzufriedenheit zu erzeugen? Wenn ein Kunde sagt: »Geben Sie mir doch lieber den Kollegen, mit dem ich das letzte Mal gesprochen habe«, dann wissen Sie, dass Sie dieses »Ja« nicht haben.	☐
Das »Ja« Ihres Vorgesetzten Wenn die Chemie mit Ihrem Chef/Ihrer Chefin nicht stimmt, ist dieses Ja gefährdet. Hegen Sie und Ihr Chef eine persönliche Abneigung gegeneinander, ist der Konflikt vorprogrammiert. Verstehen Sie sich gut mit Ihrem Vorgesetzten, und ist er zufrieden mit Ihrer Arbeit?	☐

Das »Ja« des Partners Hat Ihr Partner für Ihren Job Verständnis? Zeigt er oder sie sich immer noch verständnisvoll, wenn Sie hin und wieder einmal deutlich später nach Hause kommen? Unterstützt Ihr Partner Sie beständig in dem, was Sie tun?	☐
Addieren Sie nun Ihre Ja. Wie viele haben Sie?	

Service: Sie können die Checkliste auf der Webseite zu diesem Buch (*www.sobehaltensieihrenjob.de*) kostenlos herunterladen, ausdrucken und ausfüllen!

Was sagt Ihnen das Ergebnis? Fehlt Ihnen ein Ja oder sind es gar zwei, haben Sie diesen Test eindeutig nicht bestanden. So hart es klingt: Sie müssen sich die ausstehenden Zustimmungen schnellstens erarbeiten, wenn Sie wirklich zu den Spitzenmitarbeitern gehören wollen. Das gilt auch für die Unterstützung Ihres Partners (das fünfte »Ja«) – wenn sie fehlt, wird Ihre Leistungsfähigkeit darunter leiden. Gehen Sie auf die jeweils Beteiligten zu und versuchen Sie, die Situation durch ein konstruktives Gespräch zu verbessern.

Haben Sie alle fünf Ja, dann möchte ich Ihnen herzlich gratulieren. Offensichtlich stimmen Klima und Leistung an Ihrem Arbeitsplatz hundertprozentig, und das macht nicht nur Ihnen, sondern auch Ihrem Chef viel Freude. Sie haben gute Chancen auf einen sicheren Arbeitsplatz.

5. Jobfaktor: Wie beurteile ich Gehalt, Position und den Ort meiner Arbeit?

Am Ende lassen Sie uns noch den Blick auf die äußeren Umstände Ihres Jobs richten. Auch wenn Umfragen zum Thema Motivation immer wieder ergeben, dass Betriebsklima und Arbeitsinhalte für viele Menschen wichtiger sind als Geld oder Status: Unwichtig sind diese Faktoren deshalb noch lange nicht. Wer sich engagiert ins Zeug legt, will schließlich auch angemessen entlohnt werden. Selbst wenn die Situation in Ihrer Firma derzeit angespannt ist und an eine ordentliche Gehaltserhöhung oder einen Karrieresprung gerade nicht zu denken ist: Mittel- bis langfristig müssen Sie diese Themen angehen, denn – Sie erinnern sich – ohne Ihre Zufriedenheit wird auch Ihr Chef mit Ihren Leistungen nicht zufrieden sein!

Füllen Sie dazu die Übersicht auf dieser Seite bitte sorgfältig aus. Beziehen Sie in Ihre Überlegungen auch die aktuelle Situation in Ihrer Firma mit ein.

Übersicht: Meine äußere Situation

1. Mein Gehalt		
Was habe ich letztes Jahr verdient?		
Was verdiene ich in diesem Jahr?		
Was möchte ich im nächsten Jahr verdienen?		
Was will ich in 5 bis 10 Jahren verdienen?		
Kann mir diese Position dieses Gehalt bringen?		
Welche Ansprüche habe ich sonst noch?		
2. Meine Position		
Was war meine letzte Position in diesem Unternehmen?		
Was ist meine heutige Position?		
Welche Position möchte ich zukünftig haben?		
Ist diese Position in diesem Unternehmen erreichbar?	Ja ☐	Nein ☐
Ist dieses Unternehmen groß genug, um mir die Aufstiegschancen zu bieten, nach denen ich suche?	Ja ☐	Nein ☐
Wie alt sind meine Kollegen? Das heißt, wann werden welche Positionen im Unternehmen frei?	Frühestens _____	

3. Der Ort meiner Arbeit	
Möglicherweise suchen Sie eine geografische Lage mit hohem Freizeitwert? Welche Wünsche und Anforderungen hat Ihre Familie? Würden Sie gerne in einer Region arbeiten, wo mehr Wissensarbeiter gesucht sind? Suchen Sie die Nähe einer Universität, weil Sie sich weiterbilden wollen? Sind Sie ein Mensch, der sich in der Kleinstadt wohlfühlt, oder suchen Sie das kulturelle Leben in der Großstadt? Schreiben Sie hier einfach mal auf, was Ihnen dazu einfällt: _____ _____ _____ _____ _____ _____	

Service: Sie können das Arbeitsblatt auf der Webseite zu diesem Buch (*www.sobehaltensieihrenjob.de*) kostenlos herunterladen, ausdrucken und ausfüllen!

Werfen Sie anschließend einen Blick auf Ihre Übersicht: Wo sehen Sie Handlungsbedarf? Markieren Sie diese Punkte mit einem roten Textmarker. Wo ist alles »im grünen Bereich«? Kennzeichnen Sie diese Punkte grün. Womit können Sie leben, auch wenn Sie sich durchaus Verbesserungen vorstellen können? Markieren Sie diese Punkte mit einem gelben Textmarker.

Bedenken Sie, dass es Zusammenhänge zwischen den einzelnen Bereichen gibt. So ist Ihr Gehaltswunsch vielleicht nur mit einem Aufstieg realisierbar, der im aktuellen Unternehmen möglicherweise wegen der Altersstruktur schwierig wird. Befindet sich die Firma gerade in einer kritischen Phase, ist es klug, den Wunsch nach einem Gehaltssprung (zunächst) zurückzustellen und den Chef durch Ihren verstärkten Einsatz zu beeindrucken. Bessern sich die Zeiten, können Sie die Verhandlungen wieder in Gang bringen – auch mit dem selbstbewussten Hinweis auf Ihr Engagement für die Firma.

Da die Sicherung Ihres Arbeitsplatzes für Sie an erster Stelle steht, sollten Sie daran arbeiten, in Ihrer Firma alle Möglichkeiten auszuloten, die sich Ihnen dort bieten. Gehen Sie diese Punkt für Punkt durch und überlegen Sie anschließend, wie Sie aktiv dazu beitragen können, Ihre Jobvision dort zu verwirklichen, wo Sie sind. Machen Sie Ihrem Chef konkrete Vorschläge, wenn Sie das Gespräch mit ihm gut vorbereitet haben und ihn mit Ihren Argumenten überzeugen können.

Zusammenfassung meiner Jobsituation

Nachdem Sie sich ausführlich mit Ihrer Jobsituation auseinandergesetzt haben, können Sie jetzt auch das Innere Ihrer Zielscheibe ausfüllen.

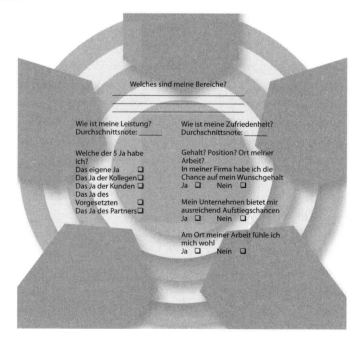

Damit haben Sie klar vor Augen, wie Ihre Jobsituation aussieht, welche Chancen Sie haben, wo Sie zufrieden sind und wo Ihre Lage nicht optimal ist. Optimal wäre eine 80-prozentige Übereinstimmung der Stärken mit Ihrer beruflichen Situation. Blättern Sie zurück auf Seite 114/115: Welches Bild passt zu Ihrer Situation – das, in dem die Pfeile fast alle ins Schwarze der Zielscheibe treffen, oder das, wo sich Pfeile (Stärken) und Scheibenmitte (Jobsituation) kaum berühren?

Im nächsten Kapitel geht es darum, wie Sie Ihre Situation durch klare Zielsetzungen so verändern, dass Ihre Pfeile zukünftig besser ins Schwarze treffen – die beste Voraussetzung für einen erfolgreichen und sicheren Job!

Auf einen Blick

- Um sich sinnvoll Ziele zu setzen, müssen Sie ein klares Bild Ihrer Jobsituation haben.
- Ihre Aufgabenbereiche sollten Ihnen Gelegenheit geben, Ihre Stärken einzusetzen: Was sind Ihre Hauptaufgaben?
- Ihre Arbeitszufriedenheit ist ein Gradmesser dafür, wie nah oder fern Ihr idealer Job ist: Wie zufrieden sind Sie?
- Ihre Arbeitsqualität zeigt ebenfalls, ob Sie am richtigen Platz sind: Wie bewerten Sie Ihre Arbeitsergebnisse und Ihr Engagement?
- Ihr Umfeld zeigt durch ein eindeutiges Bekenntnis zu Ihnen und Ihrer Arbeit, wie weit Sie bereits unkündbar sind: Sagen Chef, Kollegen, Kunden und Partner und nicht zuletzt Sie selbst »Ja« zu Ihrem Job?
- Die äußeren Bedingungen sollten ebenfalls passen, wenn Sie dauerhaft erfolgreich sein wollen: Wie beurteilen Sie Gehalt, Position und den Ort der Arbeit?

Schritt 5: Ziele setzen.
Entdecken Sie die Kraft messbarer Ziele

Wer nicht weiß, in welchen Hafen er will,
für den ist kein Wind der richtige.

Seneca

Einführung: »Ans Ziel kommt nur, wer eines hat«, sagte einst kein Geringerer als Martin Luther. Der große Kirchenmann war offenbar zur selben Erkenntnis gelangt wie der römische Philosoph und Politiker Seneca 1500 Jahre zuvor: Die schönsten Träume und größten Pläne bleiben bloße Tagträumereien, wenn man sie nicht konkret macht und praktische Handlungsschritte aus ihnen ableitet. In wirtschaftlich kritischen Zeiten, in denen manch einer um seinen Arbeitsplatz bangt, scheint es auf den ersten Blick vielleicht unangemessen, seinen Wünschen nachzugehen. Tun Sie es trotzdem. Sie werden entdecken, dass die Umwandlung von Wünschen in Ziele und deren konkrete Umsetzung im Arbeitsalltag Ihnen unerwartet viel bringen kann. Am Ende eines solchen Prozesses steht in vielen Fällen eine befriedigendere Jobsituation, an der Sie aktiv mitgearbeitet haben. Der Wechsel des Arbeitsplatzes ist nur eine Option, die zurzeit sicherlich nicht ganz oben auf Ihrer Liste steht. Sehr oft erweist sich letztendlich der aktuelle Job als »Traumjob«. Das sollten Sie stets bedenken, wenn ich im Folgenden von Ihrem »Traumjob« spreche. Und das erwartet Sie in diesem Kapitel: Ich zeige Ihnen, worauf es bei der Zielformulierung ankommt, wie Sie ein Zielfoto Ihres Traumjobs entwickeln und wie Sie dieses Jobziel in Ihre Lebens-, Jahres- und Tagesplanung einbauen können.

Klare Ziele wirken Wunder

Im letzten Kapitel haben wir Ihre Jobsituation unter die Lupe genommen. So konnten Sie sich ein Bild davon machen, wie weit Ihre momentane Position noch von dem Job entfernt ist, der Sie ausfüllt und fordert: Je unzufriedener Sie selbst und je schlechter Ihre Arbeitsergebnisse sind, je seltener die Möglichkeit besteht, Ihre Stärken einzusetzen, desto größer ist der Handlungsbedarf. Auch Ihrem Chef wird es vermutlich nicht entgehen, wenn Sie nur mit halber Kraft laufen, und dieser Eindruck gefährdet Ihren Job. Die Gretchenfrage lautet also: Wie erreichen Sie es, dass sich Ihre Stärken mit Ihrer Situation überlappen? Nur dann werden Sie wirklich Erfolg haben und sich zum A-Mitarbeiter entwickeln.

Sie wissen nun: Ihre Stärken gehören zum Kern Ihrer Persönlichkeit. Sie sind nicht beliebig veränderbar, sondern relativ fix. Was Sie ändern können, ist Ihre äußere Situation – oft auch innerhalb des Unternehmens. Als zurückhaltender Mensch haben Sie vielleicht nicht das Zeug zum Verkaufsgenie. Weil Sie sehr gut erklären und sich geduldig auf Menschen einstellen können, wären Sie aber ein ausgezeichneter Ausbildungsbetreuer. Wenn Sie solche Überlegungen anstellen, haben Sie bereits einen wesentlichen Schritt getan – ein klares Ziel entwickelt. Ziele beflügeln. Deshalb beschäftigen wir uns in diesem Kapitel mit dem Thema »Ziele und Schritte auf dem Weg zum Traumjob«.

Ehrgeizige Ziele machen Unmögliches möglich: Jürgen Klinsmann

Wer seine Ziele klar im Blick hat und täglich darauf hinarbeitet, ist oft zu Unglaublichem fähig. Nehmen wir als Beispiel die Fußballnationalmannschaft. Als Jürgen Klinsmann das Amt des Bundestrainers antrat, machte er klar: »Ich bin davon überzeugt, dass wir 2006 Weltmeister werden können.« Selbst nach herben Rückschlägen wie dem 1:4 gegen Italien im Vorfeld der WM hielt er weiterhin an seinem Ziel fest. Er motivierte damit nicht nur sich selbst und die Spieler, sondern die ganze Nation. Es gelang ihm, den Glauben an den Weltmeistertitel so tief in die Herzen seiner Spieler und der Deutschen einzupflanzen, dass der dritte Platz, den ursprünglich keiner für möglich gehalten hätte, am Ende schon fast eine Enttäuschung war.

Stellen wir uns vor, Klinsmann hätte gesagt: »Wir hoffen, die Vorrunde zu überstehen, und danach sehen wir mal, wie es weitergeht. Viel mehr ist mit der Mannschaft sowieso nicht drin.« Hätte das zum gleichen Enthusiasmus und zum gleichen Erfolg geführt? Sicher nicht. Vielleicht hätte er sein Ziel erreicht, doch danach wäre die Luft raus gewesen. Er hätte damit seinem Team und dem ganzen Volk vermittelt, dass er nicht an seine Mannschaft glaubt. Ohne die motivierende Kraft von hoch gesteckten Zielen wäre die großartige Leistung während der Weltmeisterschaft nicht möglich gewesen.

Gute Ziele sind messbar und machbar

Damit ein Ziel seine volle Schubkraft entfalten kann, muss es konkret und umsetzbar sein. Ein Ziel, das seinen Namen verdient, ist ein klar formulierter Zustand in der Zukunft, der zwei Eigenschaften aufweist: Messbarkeit und Machbarkeit. Erst dadurch wird aus einem vagen Wunsch ein Ziel. Was bedeutet Messbarkeit? Hier zwei Beispiele zum Vergleich:

- »Ich will in meinem Job so gut werden, dass mich garantiert keiner rausschmeißen will!«
- »Bis zum 31. Dezember dieses Jahres habe ich den Lagerbestand um 100 000 Euro reduziert und mindestens drei Verbesserungsvorschläge eingereicht, wie man das Lager besser organisieren kann.«

Das erste Beispiel ist kein Ziel, sondern ein Wunsch. Nur das zweite Beispiel erfüllt die Eigenschaft der Messbarkeit. In diesem Fall haben Sie genaue Zielmarken: Termin, Bestandsreduzierung, Zahl der Vorschläge. Sie wissen daher zum festgesetzten Zeitpunkt, ob Sie Ihr Ziel erreicht haben oder nicht.

Das zweite wichtige Kriterium, Machbarkeit, soll Sie vor Frustration bewahren. Bevor Sie sich ein Ziel setzen, sollten Sie sich Gedanken darüber machen, ob Sie über die nötigen Fähigkeiten, Mittel, Kenntnisse, Erfahrungen und Kontakte verfügen. Ich habe das schon in jungen Jahren recht schmerzhaft erfahren müssen: Wenn wir als Kinder auf der Straße Fußball spielten und Mannschaften gewählt wurden, gab es natürlich immer die guten Spieler, die zuerst weg waren, dann die Mittleren und zum Schluss die Unsportlichen, bei denen ich mich wiederfand. Wie gerne hätte ich zu den Guten gehört, doch mir fehlte einfach die richtige Fußballbegabung. Dieses Ziel blieb unerreichbar.

Es hat keinen Sinn, gegen seine Natur anzukämpfen und sich krampfhaft der Situation anzupassen – in meinem Fall eben, ohne entsprechendes Talent ein guter Fußballer werden zu wollen, nur weil das in unserer Straße die beliebteste Sportart war. Viel einfacher ist es, die Situation so zu verändern, dass sie zu den eigenen Stärken passt. Ich habe damals angefangen zu schwimmen. Hier hatte ich viel mehr Spaß und konnte auch den einen oder anderen Erfolg erzielen.

Machen Sie aus Wünschen Ziele

Um Ihren Blick für wirkliche Ziele zu schärfen, haben wir hier einige Vorhaben formuliert. Welche davon taugen als Ziele, welche sind lediglich Wünsche?

Test: Ziel oder nur Wunsch?

Vorhaben	Ziel	Wunsch
1. Umsatz und Gewinn steigern.		
2. Mir bis zum Quartalsende Infomaterial zum Thema »berufsbegleitende Studienmöglichkeiten« zusenden lassen.		
3. Die Arbeit effektiver durchführen.		
4. Meinen Arbeitsplatz jeden Tag erst verlassen, wenn sich nur noch Telefon und PC auf dem Schreibtisch befinden.		
5. Eine Gehaltserhöhung bekommen.		
6. Einen besseren Job finden.		
7. Das Durcheinander im Büro bekämpfen.		
8. Ein eigenes Geschäft aufbauen.		
9. Meine Durchschnittsnote in der nächsten Leistungsbeurteilung von 2,4 auf unter 2 verbessern.		
10. Bis zum Monatsende einen Verbesserungsvorschlag für unsere veraltete Büro-Software einreichen.		

Service: Sie können den Test auf der Webseite zu diesem Buch (*www.sobehaltensieihrenjob.de*) kostenlos herunterladen, ausdrucken und ausfüllen!

Auflösung: Nur die Aussagen 2, 4, 9 und 10 können als wirkliche Ziele betrachtet werden. Ein Ziel ist eben nur dann ein Ziel, wenn es wirklich messbar ist. Alles andere sind Wünsche.

Schriftlichkeit schafft Verbindlichkeit

Ein wichtiger Grundsatz beim Setzen von Zielen lautet: Schreiben Sie Ihr Ziel auf!

Wie wichtig das ist, belegt eine Untersuchung des Werdegangs von Absolventen der Universität Harvard über einen Zeitraum von zehn Jahren. Das überraschende Resultat:

- 83 Prozent der Abgänger haben keine konkrete Zielsetzung für ihre Karriere. Sie verdienen im Durchschnitt einen bestimmten Dollarbetrag X.
- 14 Prozent haben klare Zielsetzungen für ihre Karriere, diese jedoch nicht schriftlich festgelegt. Sie verdienen im Schnitt das Dreifache des Betrags X.
- 3 Prozent haben klare Zielsetzungen und diese schriftlich fixiert. Sie verdienen durchschnittlich das Zehnfache des Betrags X.

Aufschreiben bringt Klarheit und sorgt dafür, dass wir Dinge nicht so schnell vergessen. Es hilft, Gedanken zu ordnen und Gefühle in Worte zu fassen. Wenn Sie Ihre Ziele aufschreiben, wird es Ihnen sehr viel leichter fallen, sie auf Messbarkeit und Machbarkeit hin zu überprüfen. Außerdem zwingt Sie das Schreiben, sich festzulegen. Notieren Sie deshalb Ihre Ziele und sorgen Sie dafür, dass Sie sie regelmäßig vor Augen haben: im Kalender, über Ihrem Schreibtisch oder gut sichtbar neben dem Bett.

Abweichungen erkennen und gegensteuern

Hinter dem Namen Disney verbirgt sich heute ein milliardenschwerer Unterhaltungskonzern. Doch die Anfänge waren alles andere als einfach. Als der erst 21-jährige Walt Disney 1923 die Disney Studios gründete, waren die meisten Banken nicht bereit, auch nur einen Cent in die Gründung einer Trickfilmproduktion zu stecken. Disney klapperte Dutzende von Bankhäusern ab und war schließlich doch noch erfolgreich. Aber erst ab 1928, mit der Erfindung der berühmten Mickey Mouse, war das Überleben des Studios wirklich gesichert.

Was wäre geschehen, wenn sich Disney nach der fünften Ablehnung durch eine Bank von seinem Vorhaben verabschiedet hätte? Oder wenn er nach zwei, drei wirtschaftlich schwierigen Jahren aufgegeben hätte? Womöglich wäre er als unbekannter Provinzzeichner gestorben. Wie viele Menschen starten mit den besten Zielen und geben auf, sobald sich die ersten Widerstände zeigen? Wie viele Chancen bleiben ungenutzt, weil die Ausdauer fehlt? Wenn auf dem Weg zum Ziel nicht alles glatt geht, wenn Sie mit Abweichungen konfrontiert werden, haben Sie zwei Möglichkeiten: Ihr Ziel aufzugeben oder durchzuhalten und nach neuen Wegen zu suchen, mit den Abweichungen richtig umzugehen.

Wir erreichen unsere Ziele nicht immer im ersten Anlauf. Ziele zu verfolgen bedeutet Abweichungen richtig zu managen. Dazu gehören:

- Regelmäßige Zielkontrolle: Sind Sie noch auf Kurs?
- Bewältigung von Misserfolgen: Was lernen Sie daraus?
- Umgang mit Stress und Ängsten: Wie schalten Sie ab?
- Durchhaltevermögen: Besiegen Sie den inneren Schweinehund!
- Professionalität: Lassen Sie sich coachen und beraten.

Ein Schiff, das von Hamburg nach New York fährt, wird sein Ziel nur dann erreichen, wenn der Steuermann die Kompassnadel ständig im Blick behält. Die Nadel zeigt an, ob das Schiff sich noch auf Kurs befindet. Bei starkem Seitenwind kommt es vor, dass das Schiff abgetrieben wird. Das muss der Steuermann sofort erkennen und gegensteuern. Wie bei einer langen Schiffsreise kommt es auch auf dem Weg zu wirklich lohnenden, ehrgeizigen Zielen zu Abweichungen. Gelegentlich haben Sie Rückenwind und erreichen Teilziele unerwartet schnell. Ein anderes Mal bläst Ihnen der Wind ins Gesicht, sodass Sie kaum von der Stelle kommen. Meistens aber kommt er von der Seite und drängt Sie von Ihrem Kurs ab. Nur durch regelmäßiges Überprüfen merken Sie, ob Sie noch auf Kurs sind oder sich gerade in die falsche Richtung bewegen. Zielkontrolle sorgt dafür, dass Sie das Ziel im Auge behalten und ihm Schritt für Schritt näher kommen. Auch Ihr Gewicht oder Ihren Kontostand kontrollieren Sie schließlich regelmäßig.

Seien Sie auch im Beruf bei Abweichungen vorsichtig, damit Sie Kurs auf Ihr Ziel halten können. Auch wenn die Angst vor dem Verlust des Arbeitsplatzes in Krisenzeiten die eigenen Ziele in den Hintergrund treten lässt: Überprüfen Sie Ihre Ziele daraufhin, ob sie mittel- bis langfristig trotz aller widrigen Umstände noch immer machbar und messbar sind. Können Sie diese Frage mit Ja beantworten? Dann bleiben Sie dran!

Entwerfen Sie ein Zielfoto Ihres Traumjobs

Die Bibel sagt: »Ohne Vision geht das Volk zugrunde.« Als Kind hatten Sie bestimmt auch einen Traum. Vielleicht wollten Sie einmal Polizist, Feuerwehrmann oder Sänger beziehungsweise Ärztin, Tänzerin oder Astronautin werden. Ein Traum ist etwas, das in Ihrem Herzen brennt und dem Sie Ihr Leben widmen wollen. Es ist ein lebendiges, inspirierendes Bild von einer Ist-Situation in der Zukunft. Echte Visionäre werden von anderen Menschen oft anfangs nicht verstanden. Sie reden von Dingen, die anderen Menschen als unvernünftig oder nicht realisierbar erscheinen. Sie werden als »Träumer«, »Luftschloss-Architekten« oder »Spinner« bezeichnet, aber es brennt etwas in ihrem Herzen, das viele Menschen begeistern und für sie selbst ein erfülltes Leben bedeuten kann.

Gerade im normalen Arbeitsalltag mit all den Anforderungen, Stresssituationen und Unwägbarkeiten kommt das Entwickeln einer Vision oder das Erinnern daran häufig zu kurz. Versuchen Sie, diese Hindernisse im Kopf einmal beiseite zu schieben. Lassen Sie den Alltag außen vor und denken Sie an »Ihre« Vision. Nehmen Sie sich die Zeit – es lohnt sich.

Die Macht einer großen Vision: Monty Roberts

Ein schönes Beispiel für die Kraft solcher Träume ist der weltbekannte Pferdeflüsterer Monty Roberts, der heute eine 2 000 Hektar große Ranch in Kalifornien besitzt und dort Pferde nach der von ihm entwickelten gewaltfreien Methode trainiert. Der Erfolg wurde ihm nicht in die Wiege gelegt: Während seiner Kindheit zog Roberts mit seinem Vater, einem Pferdetrainer, von Farm zu Farm und von Schule zu Schule. Eines Tages stellte ein Lehrer folgende Aufgabe: »Schreibt einen Aufsatz, was ihr einmal werden wollt, wenn ihr älter seid!« Monty füllte Seite um Seite und beschrieb seine Traumfarm – in allen Einzelheiten: 2 000 Hektar groß, mit geräumigen Ställen, verschiedenen Bahnen und schmucken Wohngebäuden. Sein ganzes Herzblut steckte in diesen sechs oder sieben Seiten. Zwei Tage später bekam er sein Heft zurück – mit einer glatten Sechs und dem Hinweis: »Komm am Schluss der Stunde zu mir!« Monty war am Boden zerstört: Womit hatte er diese schlechte Note verdient? Sein Lehrer war sich sicher: »Das ist ein völlig unrealistischer Traum für den Sohn eines Wanderarbeiters – du hast kein Geld, keine geregelte Ausbildung! Das ist nicht zu schaffen. Überarbeite den Text, dann kann ich dir vielleicht noch eine bessere Note geben.« Monty grübelte eine ganze Woche lang. Dann gab er genau denselben Aufsatz noch einmal ab und sagte seinem Lehrer: »Ich behalte meinen Traum, und Sie können die Sechs stehen lassen!« Der Clou: Jahre später besuchte genau dieser Lehrer mit seiner Schulklasse die Ranch. Seine späte Einsicht: Er sei ein »Träumedieb« gewesen. »Monty, ich habe damals vielen Kindern ihre Träume gestohlen. Wie gut, dass du schlau genug warst, deinen Traum zu behalten!« (Nach: Canfield/Hansen, *Hühnersuppe für die Seele. Geschichten, die das Herz erwärmen.*)

Die Moral von der Geschichte: Lassen Sie sich von niemandem Ihre Träume stehlen! Wir brauchen solche Visionen, denn sie weisen uns die Richtung und treiben uns an. In diesem Kapitel sollen Sie eine berufliche Vision erstellen, die Sie vorantreibt. So etwas nennen wir auch »Zielfoto«. Dabei geht es um ein Bild, ein Foto Ihrer Situation in zehn, 20 oder 30 Jahren. Eines Tages gehen Sie in den Ruhestand. Was wollen Sie dann beruflich erreicht haben? Wenn Sie sich das ganz farbig und konkret in allen Einzelheiten – eben wie ein richtiges Bild – vorstellen, haben Sie Ihr Zielfoto. Ohne eine solche Vision wird es Ihnen kaum gelingen, die Begeisterung und die Kräfte zu mobilisieren, um dieses Ziel Realität werden zu lassen.

Aus eigener Erfahrung weiß ich, dass ein solches Zielfoto ein ungeheurer Antriebsfaktor sein kann, der auch in schwierigeren Zeiten wirkt – man muss es nur zulassen und diese Vorstellung nie aus den

Augen verlieren. Mein Fernziel, einer der Top-10-Management-Vordenker für den Mittelstand im deutschsprachigen Raum zu werden, um Einfluss auf die Wertediskussion nehmen zu können, habe ich noch nicht ganz erreicht, aber meine Platzierung auf der entsprechenden Liste ist stetig nach oben gerückt. Ohne diesen Antriebsfaktor wäre ich sicherlich heute nicht da, wo ich bin!

Workshop: Ich erstelle ein Zielfoto meines Traumjobs

Wagen Sie es, sich die Situation genauer auszumalen, die Sie sich am meisten wünschen, auch wenn sie Ihnen (noch) unmöglich scheint. Füllen Sie dazu das Arbeitsblatt auf dieser Seite aus und beantworten Sie die Fragen – welche berufliche Zukunft wäre für Sie die Situation Ihrer Träume? Auf die praktische Umsetzbarkeit verschwenden Sie bei dieser Übung einfach einmal keinen Gedanken.

Mein Traumjob

Welchen Beruf habe ich?
_____

Wo arbeite ich – in welcher Umgebung? (Büro oder Werkshalle, Stadt oder Land, Großunternehmen oder kleine Firma?)
_____

Wer sind meine Kollegen? (Welche Sprache höre ich? Wie sind wir angezogen? Wie gehen wir miteinander um?)
_____

Wie viel verdiene ich?
_____

Wie sehen meine Aktivitäten aus? Arbeite ich mit meinen Händen, oder bin ich ein Kopfarbeiter?
_____

> Welche Arten von Menschen erreiche und/oder beeinflusse ich mit meiner Arbeit?
>
> ___
>
> Was für Erfolge habe ich in meiner Arbeit? Warum gehe ich zufrieden nach Hause?
>
> ___
>
> Wie wachse ich persönlich und spirituell durch das, was ich tue?
>
> ___
>
> Was denkt meine Umgebung über meinen Job (Familie, Freunde, Nachbarn)?
>
> ___
>
> Wie verändert sich mein Leben, wenn meine Vision Wirklichkeit geworden ist? Was denke und fühle ich, wenn ich dieses Bild betrachte?
>
> ___

Service: Sie können das Arbeitsblatt auf der Webseite zu diesem Buch (*www.sobehaltensieihrenjob.de*) kostenlos herunterladen, ausdrucken und ausfüllen!

Auch wenn Sie jetzt nur wenige Stichworte zu Papier gebracht haben: Jedes Mal, wenn Sie diese Übung machen, wird das Bild etwas farbiger und echter. Auch hier gilt, dass Übung den Meister macht.

Glauben Sie an Ihr Zielfoto

Es hat immer wieder überraschende Durchbrüche gegeben, bei denen Menschen eine atemberaubende Vision trotz widrigster Umstände Wirklichkeit werden ließen. Nehmen Sie beispielsweise Ronald Reagan, der vom mittelmäßigen Schauspieler zum Präsidenten der Vereinigten Staaten, zum »mächtigsten Mann der Welt« wurde, oder Bill Gates, der sein Studium abbrach und heute als reichster Mann der Welt an der Spitze eines gigantischen Unternehmens steht.

Was steht zwischen mir und meinem Zielfoto?

Glauben Sie, dass Ihre Vorstellung von Ihrer perfekten beruflichen Situation realistisch ist? Wenn nein, warum nicht? Kreuzen Sie alle zutreffenden Punkte an:

Checkliste: Was hindert mich?

Mangel an Geld	
Mangel an Mut	
Mangel an Talent	
Mangel an nützlichen Kontakten	
Mangel an Motivation oder »Leidensdruck«	
Mangel an Ausbildung	
Mangel an Gesundheit	
Mangel an Glück	
Eine so wundervolle Entwicklung verdiene ich nicht in meinem Leben.	
Andere sehen für mich nicht die Möglichkeiten, die ich für mich sehe.	
Ich habe bereits Entscheidungen getroffen, die ich nicht rückgängig machen kann.	
Die wirtschaftliche Situation ist so unsicher, dass ich mich nicht traue, etwas zu verändern.	
Andere Gründe: _____	

Service: Sie können die Checkliste auf der Webseite zu diesem Buch (*www.so behaltensieihrenjob.de*) kostenlos herunterladen, ausdrucken und ausfüllen!

Wenn Sie einige Kästchen angekreuzt haben, ist das kein Grund zur Verzweiflung: Sie wissen jetzt, was Ihnen noch fehlt, und können beginnen, die Hindernisse aus dem Weg zu räumen. Achten Sie darauf, welche Hindernisse wirklich auch von Ihnen abhängen und welche nicht. Beschränken Sie sich jedoch dabei gedanklich nicht zu sehr. Wollen Sie sich wirklich dem Urteil anderer unterwerfen? Oder sich selbst das Glück nicht gönnen? Selbst Entscheidungen, die Sie für nicht umkehrbar halten, sind bei näherer Betrachtung oft nicht in Stein gemeißelt. Man muss sich oft nur trauen, das »Unmögliche« zu denken. Und wenn Ihnen jemand Ihren Traum rauben will, dann denken Sie daran:

> Wer kleine Ziele hat, wird kleine Ziele erreichen,
> wer mittlere Ziele hat, wird Mittleres erreichen, und
> wer große Ziele hat, wird Großes erreichen.

Planen Sie Schritt für Schritt den Weg zum Traumjob

Sie haben Ihr erstes berufliches Zielfoto erstellt – die Vision des Arbeitsplatzes Ihrer Träume. Wahrscheinlich ist das Bild noch etwas verschwommen; es gibt blinde Flecken und Bildanteile, die Ihnen noch nicht wirklich gefallen. Das ist ganz normal: Eine solche Lebensvision lässt sich nicht von jetzt auf gleich erstellen und erst recht nicht im Nu verwirklichen. Die Umsetzung braucht Zeit. Arbeiten Sie immer wieder an Ihrem Zielfoto, nehmen Sie Ihre Notizen regelmäßig zur Hand und ergänzen oder ändern Sie Dinge. Vielleicht hilft es Ihnen auch, Ihre Vision zu malen oder echte Fotos, die dazu passen, zu sammeln. Manche Menschen stellen ein ganzes Album zusammen, um ihre Vision mit Leben zu füllen und sie nicht mehr aus dem Blick zu verlieren.

Blättern Sie auch zurück zum »Stärkenkapitel«: Haben Sie Ihre

Wünsche und Werte, Kompetenzen und Motivationsfaktoren genügend berücksichtigt? Passt das Zielfoto wirklich perfekt zu Ihrer Persönlichkeit? Am besten, Sie legen die Zielscheibe, die Sie am Ende von Schritt 3 ausgefüllt haben (Seite 109), immer mal wieder neben Ihr Zielfoto. Auch so erkennen Sie Abweichungen und können Ihren Kurs wieder korrigieren. Wie kommen Sie Ihrem Traumjob näher? Dafür sind größere zeitliche Dimensionen nötig. Das schauen wir uns jetzt an.

Was passt zu meiner Lebensphase? Der 7-Jahres-Rhythmus

Grundsätzlich ist es sinnvoll, das Leben in 7-Jahres-Schritte zu gliedern. Der 7-Jahres-Rhythmus ist ein Rhythmus, dem die Schöpfung inneliegt. Man denke nur an die 7-Tage-Woche, sieben gute und sieben schlechte Jahre und viele andere Beispiele mehr. Auch im Lebenslauf der Menschen gibt es etwa alle sieben Jahre wichtige Einschnitte: Im siebten Lebensjahr wird man eingeschult, mit 14 stehen Konfirmation oder Firmung an, mit 21 Jahren war man früher volljährig. Auch danach verschieben sich zentrale Lebensinhalte und Einstellungen etwa alle sieben Jahre.

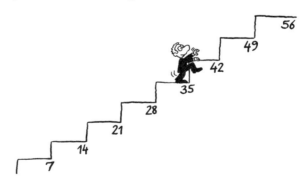

Im Folgenden finden Sie die typischen Schlüsselfragen der jeweiligen Lebensphase. Sie beziehen sich sowohl auf Ihren Beruf als auch auf Ihr Privatleben. Kreuzen Sie an, wenn Sie denken, dass der Punkt auf Sie zutrifft, und ergänzen Sie eigene Lebensfragen, wenn Sie mögen.

21–28 Jahre
- Bestandsaufnahme: Was kann ich? Wo will ich hin?
- Ziel: Karriere machen
- Wichtig: schneller, höher, weiter; effizienter werden
- Offen für viele Dinge – möglichst alles sehen und können
- _____

28–35 Jahre
- Wunsch nach Familie und Kindern kommt auf
- Karriere weiterverfolgen (häufig erste Führungsverantwortung)
- Übernahme von Sonderaufgaben
- Hohe Produktivität
- Wichtig: Freiheit und Eigenständigkeit
- Leben wird reflektiert und zunehmend geplant
- _____

35–42 Jahre
- Wunsch nach beruflicher Sicherheit
- Vorwärtskommen und Karriere prägen den Alltag
- Verstand und Intellekt sind Basis des Vorankommens
- Man steht auf eigenen Beinen
- Übergang zur Midlife-Crisis: Sinnsuche, Hinterfragen dessen, was man beruflich erreicht hat; eventuell Probleme in der Partnerschaft
- _____

42–49 Jahre
- Überwindung der Midlife-Crisis, neue Denkansätze
- Was im Leben verpasst wurde, soll möglichst nachgeholt werden
- Es wird versucht, alles anders zu machen
- Neue Orientierung
- Erste Gedanken an den Tod und was bisher erreicht wurde
- _____

49–56 Jahre
- Mehr Gelassenheit und innere Ruhe

- Phase des »Schneller, Höher, Weiter« ist vorbei
- Übernahme von Verantwortung für die nächste Generation
- Das eigene Wissen und Können wird weitergegeben
- Klarer Blick für die eigenen Stärken und Schwächen, dadurch mehr Verständnis für andere
- _____

56–63 Jahre
- Erneute Sinnkrise, Frage nach dem Sinn des Lebens wird drängender
- Kritische Lebensbilanz wird gezogen
- Berufsausstieg rückt näher – das heißt auch aufhören, Dinge zu tun, die das Leben ausgemacht haben
- Niemanden mehr beeindrucken müssen
- _____

63–70 Jahre
- Der Enkelgeneration etwas Gutes tun wollen
- Sich gegebenenfalls mit dem Tod von Geschwistern auseinandersetzen
- Selbsterkenntnis wird zur Menschenkenntnis
- Sich als Ratgeber beziehungsweise Helfer zur Verfügung stellen
- Aktivitäten finden, die jetzt möglich sind, und ihnen nachgehen
- _____

70–77 Jahre
- Bewusstsein der körperlichen Grenzen
- Vorbereitung auf den Tod (Was muss noch getan werden?)
- _____

Aktionsplan: Meine berufliche Zukunft in 7-Jahres-Schritten

Konzentrieren wir uns nun wieder auf Ihren Beruf. Überlegen Sie, wie Sie Ihre berufliche Vision schrittweise verwirklichen wollen. Behalten Sie dabei die obige Liste im Blick, damit keine Spannungen zwischen beruflichen und privaten Vorhaben entstehen.

Notieren Sie im Arbeitsblatt auf Seite 150 Ihre aktuelle berufliche Situation. Planen Sie dann die nächsten Schritte: Was wollen Sie bis zur Vollendung der zukünftigen Zeiträume erreicht haben? Achten Sie darauf, dass Ihre Ziele messbar und machbar sind. Was müssen Sie konkret tun, um das zu erreichen? Beschreiben Sie außerdem, wer oder was Sie am Erreichen dieser Ziele hindern, aber auch unterstützen könnte.

Damit Sie Ihre berufliche Vision nicht aus den Augen verlieren, halten Sie Ihr Zielfoto am Kopf des Arbeitsblattes in Stichworten fest. Ändert sich Ihr Zielfoto, sollten Sie Ihren 7-Jahres-Plan überarbeiten: Prüfen Sie sorgfältig, was Sie in den einzelnen Lebensetappen unter diesen neuen Vorzeichen verändern sollten.

Aktionsplan

Meine aktuelle berufliche Situation: _____
Meine berufliche Vision:

Mein Zielfoto in Stichworten

Alter	Was will ich bis dahin erreichen?	Was muss ich dafür tun?	Hindernisse	Unterstützer
bis 28				
bis 35				
bis 42				
bis 49				
bis 56				
bis 63				
bis 70				
bis 77				

Service: Sie können das Arbeitsblatt auf der Webseite zu diesem Buch (*www.sobehalten sieihrenjob.de*) kostenlos herunterladen, ausdrucken und ausfüllen!

Es ist sehr wichtig, seine 7-Jahres-Ziele klar zu formulieren und schriftlich festzuhalten. Andererseits sind sieben Jahre ein zu großer Zeitraum, um Tag für Tag konkret nach seinen Zielen zu leben. Die Ziele müssen also noch weiter »heruntergebrochen« werden: auf Jahres-, Quartals- und Wochenziele bis hin zur konkreten Tagesplanung. Und dann sind wir auch schon wieder bei Ihrer aktuellen Jobsituation, mit allem, was dazugehört.

Arbeiten Sie mit Jahres-, Quartals-, Wochen- und Tageszielen!

Hier fehlt der Platz, um auf jede dieser Zielebenen ausführlich einzugehen. In dem Buch *Dem Leben Richtung geben. In drei Schritten zu einer selbstbestimmten Zukunft* ist nicht nur die berufliche Perspektive beschrieben, sondern es werden alle Bereiche des Lebens behandelt. In diesem Buch befindet sich auch ein herausnehmbarer Masterplan, der von Hand beschrieben werden kann. Unter *www.tempus.de* erhalten Sie ebenfalls einen digitalen Masterplan. Wenn Sie tiefer in das Thema Ziele einsteigen möchten, empfehle ich Ihnen mein Buch *www.ziele.de. Wie Sie Schritt für Schritt Ihre Ziele erreichen* (ausführliche Angaben finden Sie im Literaturverzeichnis auf Seite 233).

Jahresziele Ein Jahr ist sehr gut überschaubar. Daher ist dieser Zeitabschnitt ein besonders wichtiger Planungshorizont. Eine fundierte Jahreszielplanung hat zwei Vorteile: Zum einen sorgt sie dafür, dass Sie bei allem, was Sie Woche für Woche und Tag für Tag tun, Ihre übergeordneten Ziele nicht aus den Augen verlieren. Zum anderen ist sie ein sehr wirkungsvolles Instrument, um Ihre Entwicklungsfortschritte mit Blick auf Ihr Zielfoto zu überprüfen. Jahresziele können zum Beispiel sein: Fortgeschrittenenkurs Business English besuchen, Jahresgehalt um X Prozent steigern, in eine andere Abteilung wechseln. Und so legen Sie Ihre Jahresziele fest:

- Schauen Sie sich genau an, welche Ziele Sie für die aktuelle 7-Jahres-Periode festgelegt haben.
- Fragen Sie sich: Was können Sie innerhalb des zu planenden Jahres konkret tun, um diesen Zielen näher zu kommen?
- Berücksichtigen Sie auch die mittelfristige Zukunft. Wenn Sie beispielsweise in zwei Jahren ein Haus bauen wollen, müssen Sie schon jetzt ihre Finanzen darauf ausrichten.
- Achten Sie darauf, dass Sie sich nicht zu viele Ziele setzen.
- Planen Sie das Jahr ruhig schon im November vor dem neuen Jahr.

Quartalsziele Nehmen Sie sich ein Mal im Vierteljahr die Zeit, in Ruhe über Ihr Leben nachzudenken und Ihre Zielplanung zu überprüfen. Das empfehle ich Ihnen sehr. Solche Tage, in denen Sie sich bewusst aus dem Alltag ausklinken, nenne ich »Dreamdays«. Verbringen Sie Ihren Dreamday dort, wo Sie am ehesten in Ruhe nachdenken können. Der eine kann das am besten bei einer ausgedehnten Wanderung, der andere im Hotelzimmer. Wichtige Fragen für Ihren Dreamday:

- Was haben Sie erreicht?
- Wo sind Sie wie gewünscht vorwärts gekommen? An welchen Stellen gab es Schwierigkeiten?
- Wo mussten Sie Ihre Pläne ändern oder zurückstellen? Wie wollen Sie mit den Abweichungen umgehen?
- Welche neuen Ziele wollen Sie sich setzen?

Als Chef arbeite ich mit meinen Mitarbeitern gemeinsam jedes Vierteljahr bestimmte Zielvereinbarungen für sie aus, und wir überprüfen natürlich auch, ob er oder sie diese Ziele erreicht hat. Geht das, was Sie an Ihrem persönlichen Dreamday mit sich selbst vereinbaren, und das, was Sie mit Ihrem Vorgesetzten besprechen, in dieselbe Richtung, ist das eine gute Voraussetzung für ein dauerhaftes und sicheres Arbeitsverhältnis.

Wochenplanung Die Woche wird als Planungshorizont oft vernachlässigt. Dabei spielt der wöchentliche Rhythmus – Werktage und Wochenende – eine sehr große Rolle. Am Wochenende haben Sie Zeit, darüber nachzudenken, was Sie in den letzten Tagen geleistet haben. Darauf aufbauend können Sie die folgende Woche planen. Sie sehen, was besonders gut und was besonders schlecht lief, und können daraus für die nächste Woche lernen. Beispiele für konkrete Wochenziele: Kursangebot Business English recherchieren, Erfolgsliste für Gehaltsverhandlung überarbeiten, mit einigen Kollegen aus der anderen Abteilung Kontakt aufnehmen. Achten Sie bei Ihrer Wochenplanung auf Folgendes:

- Setzen Sie klare Prioritäten.
- Überlegen Sie, was Sie in den nächsten sieben Tagen für die Erreichung Ihrer Quartals- und Jahresziele tun können.
- Formulieren Sie daraus ein messbares und machbares Wochenziel.

Wenn Sie wissen, welches Ziel Sie vorrangig erreichen wollen, und wenn klar ist, welche Aufgabe Sie als Erstes erledigen wollen, erreichen Sie in der gleichen Zeit sehr viel mehr Ergebnisse. Wie alle anderen Ziele schreiben Sie auch Ihre Wochenziele auf. Daraus ergeben sich Prioritäten, die Sie auf die Wochentage verteilen.

Tagesplanung Jeden einzelnen Tag schriftlich zu planen wirkt auf manche Menschen zunächst umständlich. Die Vorteile liegen jedoch auf der Hand: Sie legen sich vorab auf das fest, was Sie erreichen wollen – also auf das Wichtige. Sie entlasten Ihr Gedächtnis, lassen sich weniger leicht ablenken und können am Abend kontrollieren, was Sie erreicht haben, zum Beispiel: Sitzungsprotokoll schreiben, Englischkurs buchen, wichtigen Kunden anrufen. Die folgenden Punkte sollten Sie bei Ihrer Tagesplanung beachten:

- Setzen Sie klare Prioritäten: Welche Aufgaben sind heute wirklich wichtig? Lassen Sie sich hiervon auf keinen Fall abhalten.
- Planen Sie realistisch: Um durch die üblichen Störungen nicht gleich in Verzug zu geraten, sollten Sie Puffer vorsehen. Verplanen Sie etwa 50 Prozent, maximal 60 Prozent Ihrer Zeit.

- Beachten Sie Ihre Leistungskurve: Unsere kreativsten Stunden haben wir in der Regel zwischen 8 und 11 Uhr. Allerdings gibt es auch Nachtmenschen und Vormittagsmenschen. Probieren Sie aus, wann Sie am besten arbeiten können, und richten Sie Ihre Zeitplanung daran aus.

Auch der längste Weg beginnt mit einem kleinen Schritt, hat ein kluger Mensch einmal gesagt. Wenn Sie Ihre berufliche Situation Schritt für Schritt so optimieren, dass Sie Ihre Stärken voll entfalten können, werden Sie zu den gefragtesten Mitarbeitern im Unternehmen gehören – zu den A-Mitarbeitern, deren Arbeitsplatz gesichert ist! Damit sind wir wieder bei der Frage vom Anfang, ob Sie sich das Wünschen erlauben dürfen, selbst wenn es in der Firma gerade ums Ganze geht. Sie haben nun gesehen, dass bei aller Berücksichtigung der aktuellen Situation das Übergeordnete – Wünsche, Visionen, Ziele – Ihnen dabei hilft, auch in stürmischen Zeiten Kurs zu halten. Und was will ein Chef mehr von seinem hoch geschätzten Mitarbeiter?

Auf einen Blick

- Lösen Sie sich für einen Moment vom Blick auf den Arbeitsalltag und nehmen Sie sich Zeit für Ihre Ziele – auch das ist ein wichtiges Instrument der Arbeitsplatzsicherung.
- Ziele beflügeln: Sie werden mehr erreichen, wenn Sie sich klare Zielmarken setzen.
- Damit Ziele ihre Schubkraft entfalten können, müssen sie messbar und machbar sein.
- Wenn Sie Ihre Ziele aufschreiben, werden diese verbindlich. Außerdem ordnen Sie durch das Schreiben Ihre Gedanken.
- Entwickeln Sie ein Zielfoto Ihres Traumjobs und Sie können auf dieses Ziel hinarbeiten.
- Planen Sie in verschiedenen Zeitzyklen – im 7-Jahres-, Jahres-, Quartals-, Wochen- und im Tagesrhythmus.

Schritt 6: Selbst-PR praktizieren.
Zeigen Sie, wie gut Sie sind

> Enten legen ihre Eier in aller Stille. Hühner gackern dabei
> wie verrückt. Was ist die Folge? Alle Welt isst Hühnereier.
> *Henry Ford*

Einführung: Auf Ihrem Weg zur Unentbehrlichkeit geht es jetzt um nützliche Wegweiser wie Knigge, Kleidung und Äußerlichkeiten. Warum das? Weil Ihr Chef auch nur ein Mensch ist und gepflegte Erscheinungen nicht nur Chefs beeindrucken. Können und Fleiß setzen wir voraus, wenn Sie unkündbar werden wollen, doch Können und Fleiß allein genügen nicht: Ihre Umgebung muss auch merken, was Sie draufhaben. Gute Umgangsformen, selbstbewusstes Auftreten und ein überzeugender Eindruck bei Präsentationen, in Meetings, am Telefon – kurz: Selbst-PR – gehören zum beruflichen Erfolg heute einfach dazu. Ein amerikanisches Sprichwort bringt es auf den Punkt: »They won't like you if they don't like your show« (Sie werden dich nicht mögen, wenn sie deine Show nicht mögen). In diesem Kapitel bekommen sie Anregungen, wie Sie Ihr Können nach außen besser darstellen und positiv auf sich aufmerksam machen. Betrachten Sie das als einen weiteren wichtigen Schritt zur Jobsicherheit.

Gut sein nützt nichts, wenn's keiner merkt

Kein Zweifel: Gute Leistung ist eine Grundvoraussetzung dafür, unkündbar zu werden. Doch wenn Sie sich in aller Stille zum A-Mitarbeiter entwickeln, und niemand weiß davon, ändert sich an Ihrer Jobsituation nicht viel. Im schlimmsten Fall geraten Sie irrtümlich auf die Liste der Wackelkandidaten, weil Ihr Chef von Ihren Leistungen und Ihrem überdurchschnittlichen Engagement gar nichts mitbekommen hat. Dem gilt es unbedingt vorzubeugen. Anders gesagt: Gut sein allein genügt nicht, man muss es auch zeigen!

Viel mehr als die halbe Miete: Selbst-PR

Es hat sich inzwischen herumgesprochen, dass »Klappern zum Handwerk« gehört. Trotzdem unterschätzen die meisten Menschen, wie wichtig Marketing in eigener Sache wirklich für den beruflichen Erfolg ist. Eine Befragung beim US-Konzern IBM gibt darüber Aufschluss. Auf die Frage, woran sich entscheidet, ob ein Mitarbeiter befördert wird, nannten die Entscheidungsträger im Unternehmen drei Faktoren: Leistung, Selbstdarstellung und Bekanntheitsgrad. Wirklich überraschend ist dabei die Gewichtung der drei Kriterien:

- 10 Prozent Leistung
- 30 Prozent Selbstdarstellung
- 60 Prozent Bekanntheitsgrad

Mit anderen Worten: 90 Prozent Ihres Erfolgs hängen davon ab, dass Sie positiv auf sich aufmerksam gemacht haben – das wird viele sicherlich schockieren. Und selbst wenn die Prozentzahlen von Unternehmen zu Unternehmen oder von Land zu Land ein wenig abweichen sollten: Im Grundsatz gilt das auch in Ihrer Firma. Qualifiziert und fleißig zu sein allein genügt nicht; das sind andere auch. Es kommt darauf an, seine Qualitäten gleichzeitig wahrnehmbar zu machen. Nicht nur Unternehmen müssen sich also um »Public Relations« (PR) kümmern, um ihr Image und ihre Beziehungen zur Öffentlichkeit – auch Sie sollten darauf achten, wie Sie in der Firmenöffentlichkeit wahrgenommen werden, und Selbst-PR betreiben.

Lieber bunter Hund als graue Maus: Eine Erfolgsgeschichte

Die Zahlen der IBM-Befragung sprechen für sich. Noch greifbarer wird die Wirkung von Selbst-PR allerdings in der folgenden Geschichte, die man mit kleinen Variationen immer wieder lesen kann:

Ein kleiner, vielleicht zehnjähriger Junge beobachtete vom Garten seines Elternhauses aus, wie in seiner Straße ein imposantes mehrstöckiges Gebäude hochgezogen wurde. Dabei stellte er fest, dass regelmäßig eine große dunkle Limousine vorfuhr, ein fein gekleideter Herr ausstieg, sich einen Helm aufsetzte, von allen Mitarbeitern höflich gegrüßt wurde und die Baustelle inspizierte. Er nahm an, dass es sich um den Chef handelte. Eines Tages, als die Limousine mit dem feinen Herrn wieder einmal vorfuhr, nahm der Junge allen Mut zusammen und sprach den gut gekleideten Herrn an: »Entschuldigen Sie, darf ich Ihnen eine Frage stellen?« – »Ja, natürlich Kleiner!«, antwortete der Mann freundlich. »Ich möchte wissen, was ich tun muss, um später auch einmal so erfolgreich zu sein wie Sie.« Der Mann überlegte einen kurzen Augenblick, schaute dem Jungen fest in die Augen und sagte zu ihm: »Nun, mein Junge, als Erstes fängst du mit irgendeiner Arbeit an. Es ist dabei völlig egal, was du tust, solange es dir Spaß macht. Mir hat es schon immer, seitdem ich ein Kind war, Spaß gemacht, mit Bauklötzen zu spielen und Häuser zu bauen. Also fing ich eine Maurerlehre an.« – »Und das reicht bereits aus?«, fragte der Junge. »Nein«, sagte der Mann. »Schau einmal auf meine Baustelle. Wie sehen meine Arbeiter aus?« – »Alle haben einen blauen Overall an«, stellte der Junge fest. »Stimmt«, antwortete der Mann. »Und wenn alle anderen blaue Arbeitsanzüge tragen, dann ziehst du einen roten an.« Der Junge überlegte, was er mit dieser Aussage anfangen sollte, verstand sie aber nicht. »Und das soll mir helfen, so erfolgreich zu werden wie Sie?« – »Ja, denn wenn du als Einziger dich davon abhebst, passiert Folgendes: Dein Vorgesetzter wird regelmäßig die Baustelle inspizieren, und du wirst ihm dann mit deinem roten Anzug auffallen. Wenn du nun ein kleines bisschen besser bist als alle anderen, dann wird er das sehr schnell bemerken und bei einer anstehenden Beförderung wird er dich bevorzugen. Aber Vorsicht: Wenn du ein kleines bisschen schlechter bist als alle anderen, wird er das auch bemerken. Du musst also immer ein kleines bisschen besser sein als alle anderen!« Nun verstand der Junge und nahm sich fest vor, es dem erfolgreichen Mann später einmal gleichzutun.

Es geht in diesem Kapitel also nicht um eine Anleitung zur Schaumschlägerei und zum Basteln von Mogelpackungen. Wer darauf baut, hat meistens schon verloren. Die Geschichte bringt es hervorragend auf den Punkt: Sei immer ein bisschen besser als die anderen – und sorge dafür, dass die richtigen Leute das auch bemerken. Steht in Ihrem Unternehmen gerade jeder Arbeitsplatz auf dem Prüfstand, dann ist es nur von Vorteil, wenn Ihrem Vorgesetzten beispielsweise Ihr glänzender Vortrag auf der letzten Vertriebskonferenz noch in Erinnerung ist oder Ihr außerordentlicher Einsatz, als ein wichtiger Kunde abspringen wollte.

A & O: Achten Sie auf Auftreten & Outfit

Innerhalb von wenigen Sekunden entscheidet sich, wie wir jemanden einschätzen, ob wir ihn sympathisch oder weniger sympathisch finden, selbst wenn wir ihn noch nie zuvor gesehen haben. Schubladendenken? Mag sein, aber denken Sie einmal daran, wie Sie selbst sich verhalten, wenn Sie in eine halb besetzte S-Bahn steigen. Dort haben Sie auch in Sekundenschnelle die vertrauenswürdigste und sympathischste Person ermittelt, neben der noch ein Platz frei ist. Und genau da setzen Sie sich hin. Um die wild gepiercte Jugendliche oder den ungepflegt wirkenden Mann mit der Bierflasche in der Hand machen Sie wahrscheinlich einen kleinen Bogen. Völlig zu Unrecht vielleicht. Doch die inneren Werte eines Menschen zu ergründen braucht Zeit, manchmal Monate. Also verlassen wir uns notgedrungen auf den ersten Augenschein. Sorgen Sie dafür, dass dieser erste Augenschein im Job auf jeden Fall zu Ihren Gunsten ausfällt!

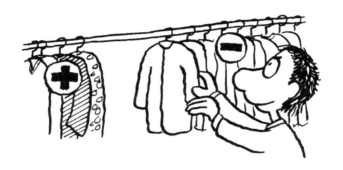

Kleider machen Leute

Ganz entscheidend für den ersten Eindruck ist Ihre Kleidung: Wie Sie angezogen sind, beeinflusst Ihre Außenwirkung. Wenn Sie zweifeln, machen Sie Ihren nächsten Einkaufsbummel einmal in feiner Kleidung und perfekt gestylt. Sie werden feststellen, dass Sie anders behandelt werden als in Jeans und Pulli.

Anders als in der Freizeit zählt im Job nicht nur Ihr persönlicher Geschmack: Als Mitarbeiter sind Sie gleichzeitig die Visitenkarte der Firma. Manche Unternehmen, etwa Banken, pflegen deshalb strenge Kleiderordnungen, sogenannte Dresscodes. Der Anzug in gedeckter Farbe, dunkelblau, schwarz oder allenfalls grau, ist hier

Pflicht, weil die Kunden damit Seriosität und Kompetenz verbinden. Auch in unserer Firma erwarte ich von den Mitarbeitern angemessene Kleidung – was angemessen ist, hängt von dem jeweiligen Einsatzgebiet ab und ob derjenige beispielsweise viel Kundenkontakt hat. Es gibt sechs einfache Erfolgsregeln, an die Sie sich halten sollten – so sind Sie nicht nur immer passend gekleidet, sondern hinterlassen mit Ihrer positiven Ausstrahlung auch einen bleibenden Eindruck.

Orientieren Sie sich nach oben! Auch wenn in Ihrer Firma die Regeln weniger streng sind als in einer Bank, sollten Sie ein Auge darauf haben, wie erfolgreiche Leute dort gekleidet sind. Richten Sie Ihre Aufmerksamkeit vor allem auf die Menschen, die Ihrer Einschätzung nach als A-Mitarbeiter anerkannt werden. Orientieren Sie sich im Kleidungsstil nach oben, fallen Sie positiv auf! Mit dem, was Sie anziehen, sagen Sie etwas über Ihre Einstellung zum Unternehmen und darüber, wie Sie Ihre Rolle dort sehen. Gut angezogen sein heißt: »Ich nehme das hier wichtig«, »Es ist mir nicht gleichgültig, wie wir auf unsere Kunden wirken« und »Ich kann auch anspruchsvollere Positionen ausfüllen«. Sie finden das übertrieben? Dann überlegen Sie kurz, welche Auszubildende Sie als neue Marketingassistentin ins Auge fassen würden: das Mädchen in abgewetzten Jeans mit Plateauschuhen und bauchfreiem Top oder ihre Kollegin in feinerer Hose, weißem T-Shirt und Blazer?

»Gepflegt sein« ist an der Tagesordnung! Beim Vorstellungsgespräch schaue ich gerne mal auf die Füße des Bewerbers, um zu sehen, ob das Schuhwerk hält, was der feine Anzug verspricht. Oft sind es Kleinigkeiten, die einen super Eindruck stören. Vermeiden Sie abgelaufene oder ungeputzte Schuhe, zu enge oder ungepflegte Kleidung (Flecken, baumelnde Knöpfe, lose Säume), billigen Modeschmuck, weiße Tennissocken (außer, Sie sind tatsächlich auf dem Tennisplatz) oder Sandalen mit Socken. Das Gleiche gilt für Soßenflecken auf der Krawatte oder ausgefranste Hemdkragen und -manschetten, von Mund- und Körpergeruch, Parfümwolken, fettigen Haaren oder ungepflegten Händen ganz zu schweigen.

Finden Sie heraus, was Ihnen gut steht! Jeder Mensch sieht anders aus – keine Frage. Da wundert es nicht, dass der Anzug oder das Kostüm von der Stange nicht jedem Mann oder jeder Frau gleich gut passt und vor allem nicht allen gleich gut steht. Stellen Sie sich zunächst einmal die Frage: Was passt zu mir? Dazu gehört die Wahl der optimalen Farben. Jeder Mensch hat von Geburt an eine bestimmte Hauttönung. Erfahrene Farb- und Stilberaterinnen helfen Ihnen herauszufinden, welchen Hautton Sie haben und welche Farben besonders gut zu Ihnen passen und Sie wach und strahlend wirken lassen. Die Kleidung tritt dann in den Hintergrund, und Sie selbst werden als Person stärker wahrgenommen. Auch Größe und Körperbau spielen eine wichtige Rolle. Wer klein und zierlich ist, versinkt in lang geschnittenen Jacken und groß gemusterter Kleidung. Große Menschen dagegen sollten darauf achten, dass Ärmel und Hosenbeine wirklich lang genug sind. Wenn Ihnen eine professionelle Stilberatung zu teuer ist, bitten Sie eine geschmackssichere (und ehrliche!) Bekannte um Hilfe – auf Verkäufer kann man sich in solchen Fragen nicht immer verlassen.

Entwickeln Sie Ihren eigenen Stil! Jeder Mensch ist einmalig. Betonen Sie das durch Ihren persönlichen Kleidungsstil. Erst alle Komponenten zusammen – Farbe, Muster, Material, Stil und Accessoires – machen ein attraktives Erscheinungsbild aus. Sorgen Sie für einen Wiedererkennungseffekt, beispielsweise durch eine Vorliebe für bestimmte Farben, die Ihnen besonders gut stehen, durch die Kombination von schlichter Kleidung mit sorgfältig gewählten Accessoires wie Schmuck oder Tüchern, durch die Fliege statt der Krawatte. Je höher eine Position dotiert ist, desto eher achtet man auf einen klaren Stil und auch auf kleine Details. Auf allen beruflichen Ebenen sollten Sie größten Wert auf ein überzeugendes Erscheinungsbild legen. Schließlich wollen Sie ja in der Reihe der Mitarbeiter positiv auffallen.

Mut zum aufrechten Gang Sie wissen, dass man spontan eher großen schlanken Menschen Aufmerksamkeit schenkt als kleineren und kräftigeren Menschen. Diesen Startvorteil groß gewachsener Leute gleichen Sie durch eine gute Haltung aber schnell aus: Nichts geht ohne einen aufrechten Gang – also Kopf hoch und den Rücken gerade! Eine Kollegin nennt es den »Gang der Königin«. Damit fallen Sie positiv auf, solange Sie nicht übertreiben. Wenn Sie also gesehen werden wollen, dann gehen Sie aufrecht in einen Raum hinein, schauen Sie die Menschen dort an. Wenn es Ihnen von Ihrer inneren Stimmung entspricht, dann lächeln Sie (auch mit den Augen). Wenn man sich ehrlich auf die Leute freut, ist das übrigens keine Anstrengung.

Stehen Sie zu Ihrem Aussehen! Sie sind ein Original – stehen Sie dazu! Gemessen an den oft am Computer bearbeiteten und künstlich optimierten Model-Fotos, die uns in jeder Werbeanzeige und von jedem Titelblatt entgegenlächeln, haben wir alle »Mängel«: Beim einen ist die Nase zu groß, beim nächsten sind die Haare zu dünn, der dritte hat ein paar Kilo zu viel und der vierte wäre gerne ein paar Zentimeter größer. Ihr Auftreten wirkt jedoch weniger durch solche Details als durch ein gepflegtes Äußeres in Verbindung mit einer guten Körperhaltung, Freundlichkeit und Offenheit. Denken Sie einmal an die Menschen, die Sie persönlich beeindruckt und für sich eingenommen haben: Titelblattschönheiten mit glatter, perfekter Fassade werden das kaum gewesen sein!

Sie zweifeln immer noch, ob es sich lohnt, so viel in »Äußerlichkeiten« zu investieren – lieber möchten Sie mit Fachkompetenz punkten? Dann überzeugt Sie vielleicht ein wissenschaftliches Ergebnis. Der amerikanische Sozialforscher Albert Mehrabian hat schon vor Jahren in einer umfangreichen Studie untersucht, worauf unsere Wirkung auf andere Menschen beruht. Das überraschende Ergebnis: Zu 55 Prozent beruht Ihre Wirkung auf Ihrem äußeren Erscheinungsbild (Kleidung, Mimik, Gestik und Körpersprache), zu 38 Prozent auf Sprache und Stimme (Modulation, Dialekt, Wortwahl) und nur zu 7 Prozent auf dem fachlichen Inhalt. Grund genug, sich mit Kleidung und Umgangsformen zu beschäftigen, nicht wahr? Im nächsten Abschnitt möchte ich Sie gerne mit ein paar Benimmtipps vertraut machen. Ich habe dabei auch an die Mitarbeiter in unserer Firma gedacht, deren gute Umgangsformen das Arbeiten miteinander noch ein bisschen angenehmer machen. Diese A-Mitarbeiter überzeugen selbstverständlich auch durch exzellente Leistungen, aber ihr Benehmen ist sozusagen noch das Tüpfelchen auf dem i.

Knigge bringt Sie weiter

In den Siebziger- und Achtzigerjahren des vergangenen Jahrhunderts galten Knigge und Benimm als verstaubte Etikette, als überholt und überflüssig. Das hat sich gründlich geändert – wahrscheinlich, weil man gemerkt hat, dass echte Höflichkeit den Umgang miteinander leichter und das Leben für alle angenehmer macht. Ob beim Treffen mit Ihrem Chef, ob bei Kunden oder Kollegen: Mit Benimm sammeln Sie Pluspunkte! Worauf kommt es dabei an? Keine Sorge: nicht darauf, dass Sie wissen, wie man Hummer isst oder wie ein Handkuss funktioniert. Die goldene Regel guten Benehmens lautet schlicht: Jeder Mensch hat ein Recht auf Höflichkeit und Respekt.

Wenn Sie sich an dieses Motto halten, machen Sie automatisch eine gute Figur. Sie werden Kollegen, Kunden und Vorgesetzte ebenso

grüßen wie den Hausmeister und die Reinemachefrau. Wenn der Azubi bis unters Kinn mit Akten bepackt ist, werden Sie nicht lange überlegen und ihm die Tür aufhalten. »Bitte« und »Danke« gehen Ihnen ganz automatisch und flüssig über die Lippen. An geschlossenen Bürotüren werden Sie anklopfen. Sie sind freundlich zu anderen, auch wenn Sie gerade arg unter Stress stehen. Das lassen Sie weder einen anrufenden Kunden noch einen unbeteiligten Kollegen spüren. Gutes Benehmen ist unteilbar. Wer behauptet, »Wenn's drauf ankommt, kann ich mich gut benehmen«, hat in Wahrheit keinen Benimm. Menschen haben ein feines Gespür dafür, ob jemand wirklich, »von Natur aus« höflich und freundlich ist, oder nur gerade mal eben eine höfliche Maske aufgesetzt hat. Sobald Sie sich angewöhnen, freundlich und zuvorkommend auf Ihre Umgebung zuzugehen, werden Sie merken, wie angenehm das ist: Das Klima entspannt sich; Sie werden selbst ebenfalls freundlicher behandelt. Nicht ohne Grund heißt es: »Wie man in den Wald hineinruft, so schallt es heraus!« Nett sein lohnt sich also – und ist auf die Dauer weit weniger anstrengend, als herumzumuffeln und andere vor den Kopf zu stoßen. Beim Benimm wirken vor allem die kleinen Dinge: ein offener Blickkontakt und ein freundliches Gesicht, ein Grüßen oder kurzes Zunicken, wenn man sich begegnet. Und auch Ihr Chef wird mit Sicherheit registrieren, ob man Sie im Unternehmen schätzt und respektiert. Sollte die Situation im Unternehmen gerade sehr angespannt sein, die Zukunft ungewiss und Kündigungen im Raum stehen, ist ein freundliches und höfliches Umgehen miteinander umso wichtiger. Sicherlich, jeder hat nur Nerven, aber Ihre Umgebung – Ihre Kollegen und Vorgesetzten – wird es sehr zu schätzen wissen, wenn Sie in turbulenten Zeiten durch Ihr ausgeglichenes und freundliches Wesen für eine gute Atmosphäre sorgen. Neben dieser Grundregel – Höflichkeit und Respekt für jedermann – gibt es natürlich ein paar weitere Tipps für das Verhalten im Job.

Die »Rangfolge« beachten

Bei den klassischen Umgangsregeln dreht sich sehr viel um die Frage, wer in einer bestimmten Situation als »ranghöher« zu betrachten ist. Daran entscheidet sich, wer bevorzugt zu behandeln ist, wem man also beispielsweise die Tür aufhält oder wer dem anderen die Hand anbieten darf. Im Privatleben gilt: Damen sind gegenüber Herren bevorzugt zu behandeln, ältere Menschen gegenüber jüngeren. Im Job entscheidet die berufliche Hierarchie: Der Chef steht in der Rangfolge über der Mitarbeiterin, der junge Vorstand über dem älteren Buchhalter. An erster Stelle aber stehen Kunden und Geschäftspartner. Was heißt das konkret? Einige Beispiele:

- Chef oder Chefin reichen dem Mitarbeiter beziehungsweise der Mitarbeiterin die Hand, nicht umgekehrt. Als Mitarbeiter warten Sie, ob man Ihnen die Hand anbietet.
- Der Mitarbeiter grüßt zuerst, der Chef erwidert den Gruß. (Wobei Chefs von wirklichem Format solche Rituale nicht unnötig strapazieren.)
- Der Chef geht vor, man hält ihm die Tür auf.
- Stellen Sie Ihrem Chef jemanden vor, erfährt er zuerst, wen er vor sich hat (also: »Guten Tag, Herr [Chef]. Ich möchte Ihnen unsere neue Auszubildende, Frau Flott, vorstellen. Frau Flott, das ist Herr [Chef], unser Bereichsleiter« – und nicht umgekehrt).
- Kunden werden freundlich begrüßt und sofort beachtet. Lassen Sie Kunden nicht warten, auch wenn Sie gerade mit etwas anderem beschäftigt sind. Können Sie nicht gleich für sie da sein, entschuldigen Sie sich und bitten um einen Moment Geduld.

Dienst ist Dienst und Schnaps ist Schnaps

Gemeint ist schlicht: Am Arbeitsplatz gelten andere Spielregeln als im Sportverein, beim Kirchenchor oder im Bekanntenkreis – und seien die Kollegen noch so nett. Ein bisschen mehr Distanz und Zurückhaltung im Job zahlen sich spätestens dann aus, wenn es Konflikte gibt. Erfahrungsgemäß geht man höflicher und etwas vorsichtiger miteinander um, wenn man sich nicht ganz so nahesteht. Daraus folgt:

- Seien Sie sparsam mit dem Du – auf der Sie-Ebene lässt sich vieles leichter regeln. Dicker Fettnapf: Dem Chef oder dem deutlich älteren Kollegen das Du anbieten. Gehört sich einfach nicht.
- Klatsch und Tratsch – da machen Sie nicht mit. Während Sie einer richtigen Klatschbase (oder einem Klatschvetter) zugehört haben, haben Sie bestimmt auch schon mal gedacht: »Na, was der wohl über mich erzählt.« Vermeiden Sie, dass man Sie selbst so sehen könnte.
- Respektieren Sie »Büro-Reviere«: Den Schreibtisch oder die Schränke eines Kollegen in dessen Abwesenheit zu durchsuchen, und sei es nur auf der Suche nach Tesafilm – auch das »tut man nicht«. Einzige Ausnahme: Sie sind die Urlaubs- oder Krankheitsvertretung und benötigen dringend Unterlagen.
- Betriebsfeste sind nie rein »privat«: Alkoholselige Verbrüderungen, hemmungsloses Flirten oder drastische Abrechnungen mit Kollegen und Vorgesetzten, nachdem man sich Mut angetrunken hat – all das beschädigt Ihren Ruf.
- Schütten Sie nicht jedem Ihr Herz aus. Ärger zu Hause, Schulprobleme Ihres Jüngsten, Geldsorgen – gut, wenn Sie einen Vertrauten haben, bei dem Sie sich aussprechen können. Überlegen Sie genau, ob das jemand im Unternehmen sein muss. Auf gar keinen Fall sollte die ganze Abteilung an Ihrem Kummer teilhaben. Sie wollen ja nicht riskieren, dass man Sie bei der nächsten Beförderung für »momentan« nicht belastbar hält. Auch bei drohenden Kündigungen sollte Ihr Chef Sie nicht deswegen sofort ins Auge

fassen, weil er sich nicht sicher ist, ob er hundertprozentig auf Sie zählen kann.

Loyalität ist Trumpf

Ganz egal, wie Ihr Chef sonst gestrickt ist – ob er eher ruhig ist oder aufbrausend, eher pedantisch oder lässig – eins verzeiht Ihnen kein Chef: Illoyalität. Auch für mich würde das illoyale Verhalten eines Mitarbeiters das Vertrauensverhältnis erheblich belasten beziehungsweise es sogar beenden. Unter »Loyalität« versteht das Fremdwörterbuch »gesetzes- oder vertragstreues Verhalten«. Dabei zählt das Unternehmen nicht nur auf das, was in Ihrem Arbeitsvertrag steht, sondern ganz allgemein auf Ihre Verlässlichkeit und Diskretion. Illoyal ist es beispielsweise,

- Firmeninterna auszuplaudern (»Die Abteilung schreibt sowieso rote Zahlen!«);
- schlecht über das Unternehmen oder den Vorgesetzten zu reden (»Wir haben auch schon bessere Tage gesehen.«);
- sich gegenüber Kunden oder Geschäftspartnern von Maßnahmen und Vorgehensweisen Ihres Arbeitgebers abzugrenzen (»Ich seh' das auch nicht ein, aber mein Chef will das so.«; »Dafür kann ich nichts, das hat die Buchhaltung verbockt.«);
- sich beim Chef des Chefs zu beschweren, statt direkt mit dem Vorgesetzten zu reden;
- am Chef vorbei Informationen nach außen zu geben, die nicht für Dritte bestimmt sind;
- den Chef vor Dritten bloßzustellen, zum Beispiel, indem Sie ihm Versäumnisse vorhalten.

Auch wenn Ihnen nicht alles gefällt, was in Ihrem Unternehmen passiert, erwartet man zu Recht, dass Sie zu Ihrem Arbeitgeber stehen. Das gilt auch und gerade in wirtschaftlich schweren Zeiten, in denen das Unternehmen besonders auf die Loyalität seiner Mitarbeiter angewiesen ist. Denken Sie daran, wenn Sie Ihren Arbeitsplatz dort behalten wollen. Verbessern Sie das, was Sie ändern können; suchen Sie hin und wieder Trost bei einer wirklich verschwiegenen besten Freundin oder Ihrem Partner – und schweigen Sie über den Rest.

Testfall Tischmanieren

Viele Menschen denken bei »Benimm« vor allem an Tischmanieren. Darf man Kartoffeln mit dem Messer schneiden? (Man darf.) Darf man Hähnchenbeine aus der Hand essen? (Nur im Bierzelt oder in der Kneipe, sonst nicht.) Solche und ähnliche Fragen füllen viele Buchseiten. Gute Umgangsformen erschöpfen sich zwar längst nicht in solchen Regeln. Trotzdem wird man gerade von Ihrem Verhalten bei Tisch auf Ihre Kinderstube schließen. Hier eine Liste der häufigsten Patzer bei Tisch. Wenn Sie all das längst wissen, blättern Sie einfach weiter. Wenn Sie sich öfter ertappt fühlen, gewinnen Sie durch einen kleinen Knigge-Kurs Sicherheit. Solche Kurse bieten heute die meisten Volkshochschulen und viele andere Organisationen günstig an. Ein Besuch lohnt sich, weil Sie beim nächsten Geschäftsessen oder Firmenempfang einfach gelassener und selbstbewusster auftreten werden, wenn Sie keine Angst haben, irgendetwas falsch zu machen.

- Zusammengesunkene Haltung: Kauern Sie nicht über dem Teller, sondern sitzen Sie aufrecht.
- Ellenbogen oder gar Unterarme auf dem Tisch ablegen: Sie stützen zwischendurch allenfalls die Handgelenke an der Tischkante ab.
- Sprechen mit vollem Mund, Schlürfen, Schmatzen, in den Zähnen pulen – also alles, was Ihre Mutter früher schon gestört hat: Es ist für Ihr Gegenüber tatsächlich eine Zumutung.
- Serviette im Hemdkragen: Die Serviette gehört auf den Schoß. Wenn Sie zwischendurch aufstehen, zum Beispiel, um zum Büfett zu gehen, legen Sie sie gefaltet neben den Teller (nicht auf den Stuhl).
- Rauchen zwischen den Gängen (ebenso wie Make-up-Korrekturen) sollten Sie bleiben lassen.

- Messer und Gabel rechts und links am Teller aufstützen: Sieht man häufiger, führt aber dazu, dass Ihnen Soße den Griff herunterläuft. Fürs Besteckablegen gilt: Wenn Sie noch weiteressen wollen, kreuzen Sie das Besteck auf dem Teller. Wenn Sie fertig sind, legen Sie Messer und Gabel schräg nach rechts unten zeigend nebeneinander.
- Weingläser oben anfassen: Alle Gläser mit Stiel werden auch dort angefasst.
- Ein lautes »Mahlzeit!«: Bei geschäftlichen Anlässen beschränkt sich der Einladende auf ein freundliches Nicken. Dafür wartet man, bis alle mit Speisen versorgt sind.

Die meisten Zweifelsfragen bei Geschäftsessen, Empfängen oder Essenseinladungen klären sich, wenn Sie einfach einen kleinen Moment abwarten. Beobachten Sie Leute, die sich auf diesem Parkett auskennen. Das gilt für eine verwirrende Anzahl von Bestecken vor Ihnen ebenso wie für den Gang zum Büfett. Sie werden schnell mitbekommen, dass man sich bei den Bestecken von außen nach innen vorarbeitet (also vom Vorspeisenbesteck zum Hauptgang) und dass man auch beim Büfett die übliche Speisenfolge (Vorspeisen – Hauptgang – Nachspeisen) einhält, immer mit einem neuen Teller, während der benutzte vom Servicepersonal abgeräumt wird.

Ihr Büro spricht für Sie

Wie Sie angezogen sind, wie Sie auf die Menschen in Ihrer Umgebung zugehen, wie Sie sich bewegen und auftreten – neben Ihrer fachlichen Leistung prägt all das Ihr Image im Unternehmen. Der Mensch ist eben ein »Augentier«, und er bildet sich gerne ein rasches Urteil. Deshalb sollten auch Ihr Büro und Ihr Arbeitsplatz einen guten, aufgeräumten Eindruck machen.

Versuchen Sie einmal, Ihr Büro mit den Augen eines Fremden zu sehen. Was würden Sie über den Inhaber denken? Arbeitet hier

jemand, der alles im Griff hat? Oder tobt das Chaos? Lässt die Bürodekoration (Blumen, Kalender, Bilder) auf Geschmack schließen? Oder wirkt das Ganze eher gewöhnungsbedürftig, vom Bürospruch (nach dem Muster »Wir sind hier auf der Arbeit und nicht auf der Flucht!«) über angestoßene Kaffeetassen bis zum Post-it-Wirrwarr rund um den Computer-Monitor? Testen Sie einfach mal, wie gut organisiert und ansprechend Ihr Büro ist. Nutzen Sie dafür den folgenden Fragebogen und kreuzen Sie an, ob Sie das jeweilige Merkmal positiv umgesetzt haben. Die Auswertung finden Sie im Anschluss auf Seite 173.

Test: Wie ansprechend ist Ihr Büro?

Merkmal	A Voll umgesetzt	B Teilweise umgesetzt	C Gar nicht umgesetzt
An den Wänden hängen keine Zeitungsartikel oder anstößigen Bilder, sondern gerahmte Drucke oder ansprechende Poster.			
Wenn Sie Grün mögen, beschränken Sie sich auf wenige, ansprechende Pflanzen. Halb vertrocknete oder kränkelnde Topfpflanzen und Blumen werden entsorgt.			

Es liegen keine Aktenordner oder Dokumente auf dem Boden.			
Die Infotafeln sind sauber und übersichtlich. Keine Mitteilung ist veraltet; vergilbte und eingerissene Zettel gibt es nicht.			
Die Ablage von Dokumenten in den Schränken und im PC/auf dem Server ist klar definiert und nachvollziehbar.			
Alle Schränke und Regale sind übersichtlich beschriftet. Alle Dokumente sind innerhalb einer Minute zu finden.			
Der Schreibtisch ist übersichtlich und ordentlich gestaltet (Eingang, Ausgang und Ablage). Es stapeln sich keine Dokumente auf der Tischplatte.			
Das Büro ist sauber – weder auf dem Teppich noch auf Schränken oder Arbeitsflächen befinden sich Krümel, Staub, Kaffeeränder oder Ähnliches.			
Sie haben sich auf wenige private Gegenstände (wie ein Foto oder eine Kinderzeichnung) beschränkt. Ihr Büro ist nicht überladen mit »Schnickschnack«, etwa Porzellanfiguren, Stofftieren oder ganzen Fotogalerien.			
Häufig benötigte Unterlagen werden im direkten Arbeitsumfeld (Radius: zwei Meter) gelagert und sind sofort griffbereit.			
Ihr Büromaterial ist übersichtlich beschriftet und gut sortiert.			
Müll wird getrennt entsorgt.			
Reinigungsgeräte (Staubtuch, EDV-Reiniger usw.) werden ordentlich aufbewahrt und stehen jederzeit zur Verfügung.			

Fazit: Das Büro wirkt freundlich gestaltet und aufgeräumt. Kunden/Chefs/Besucher erhalten einen guten Eindruck.			
Ergebnis Zählen Sie zusammen, wie oft Sie A, B oder C angekreuzt haben:	_____	_____	_____

Service: Sie können den Test auf der Webseite zu diesem Buch (*www.sobe haltensieihrenjob.de*) kostenlos herunterladen, ausdrucken und ausfüllen!

Auswertung

12 bis 14 A Super! Sie haben bereits das Büro, das zu einem A-Mitarbeiter passt. Was ist noch nicht optimal? Das haben Sie mit wenigen Handgriffen erledigt!

9 bis 12 A Schon ganz gut, aber verbesserungswürdig. Nehmen Sie sich ein paar Stunden Zeit und geben Sie Ihrem Büro den nötigen Schliff.

5 bis 9 A Das reicht vielleicht für einen B-Mitarbeiter, aber wollen Sie sich wirklich damit zufriedengeben? Hier heißt es, gründlich aufzuräumen und auszumisten!

Weniger als 5 A, mehr als 3 C Alarmstufe Rot! Ihr Büro spricht nicht gerade für Sie. Das passt allenfalls zu einem C-Mitarbeiter. Geben Sie sich einen Ruck und ändern Sie den momentanen Zustand grundlegend! Die Merkmalliste im Test zeigt Ihnen, worauf es ankommt.

Ihr Schreibtisch ist die Schaltzentrale in Ihrem Büro. Gerade hier sollten Sie penibel auf Ordnung achten. Mein Tipp: Räumen Sie Ihren Schreibtisch völlig frei, bis auf Bildschirm, Tastatur und Telefon. Überlegen Sie, was Sie tatsächlich jeden Tag für Ihre Arbeit brauchen – beispielsweise Schreibgeräte, Notizpapier, Ihr Adressbuch, Wiedervorlagemappe, Telefonliste. Beherzigen Sie, dass alle Projekte einen Platz in einer Akte oder in einer Schublade haben, denn ein stets aufgeräumt wirkender Schreibtisch fördert die Konzentration. Daher gehört auf die Arbeitsfläche auch immer nur ein Vorgang. Schließen Sie erst das eine Projekt ab, bevor Sie das nächste beginnen. Erstellen Sie dazu auch einen Zeitplan, in dem Sie festlegen, wann Sie welche Aufgabe angehen wollen. Planen Sie dabei gleich die jeweilige Zeitdauer, damit Sie nicht plötzlich doch wieder von einem Thema zum anderen springen müssen. Eine Menge kostenloser Tipps und Checklisten finden Sie auch unter *www.fuer-immer-aufgeraeumt.de*.

So werden Sie sichtbar: Marketing in eigener Sache

Gute Selbst-PR lernt man nicht über Nacht. Die folgenden Tipps helfen Ihnen, Schritt für Schritt Ihre Wirkung zu entfalten. Sie werden sehen, dass Selbst-Marketing sich aus einer ganzen Reihe von kleinen Taten zusammensetzt, die Sie ohne große Mühe in Ihren Alltag einbauen können. Man muss nur wissen, worauf es ankommt!

Tipps für gute Selbst-PR

Erkennbar mehr arbeiten Arbeiten Sie immer ein bisschen mehr als alle anderen. Wenn Sie zum Beispiel morgens eine halbe Stunde vor den Kollegen im Büro sind, bleibt dies Ihrem Chef sicher nicht verborgen.

Wertschätzung zeigen Freundlichkeit siegt! Sorgen Sie bei Gesprächen deshalb grundsätzlich erst einmal für eine gute Atmosphäre. Gehen Sie freundlich lächelnd auf den anderen zu, zeigen Sie Wertschätzung. Selbst wenn Ihr Gegenüber gerade nicht gut aufgelegt ist, werden Sie mit unbeirrter Höflichkeit und Freundlichkeit die Stimmung oft retten. Empörung oder Unfreundlichkeit bringen Sie in so einer Situation nicht weiter. Stellen Sie sich also nicht auf den beliebten Standpunkt, der andere müsse sich zunächst einmal anders benehmen: Sie haben die Möglichkeit, selbst für ein gutes Gesprächsklima zu sorgen.

Sich aus der Deckung trauen Melden Sie sich zu Wort, wenn Sie zum Beispiel bei einer Konferenz die Lösung zu einem Problem im Kopf haben. Überlegen Sie nicht ewig hin und her: Heraus damit! Stellen Sie keinen Perfektionsanspruch. Zeigen Sie, was Sie auf dem Kasten haben. Ist Ihr Chef dabei oder wird ihm anerkennend von Ihrem Beitrag berichtet: umso besser!

Dem Chef Erfolge vor Augen führen Ihr Chef ist die meiste Zeit damit beschäftigt, Probleme zu lösen – darauf konzentriert sich seine Aufmerksamkeit fast automatisch. Folge: Was nicht klappt, fällt ihm auf; was gut klappt, nicht immer. Damit Ihre Erfolge in seinem Alltagsstress nicht einfach untergehen, sollten Sie Ihrem Chef Ihre guten Leistungen ab und zu geschickt vor Augen führen – beispielsweise, wenn Sie einen erfolgreichen Abschluss getätigt oder eine knifflige Aufgabe erledigt haben. Es geht letztendlich darum, dass Sie Ihre Leistungen für den Vorgesetzten sichtbar machen. In allem, was Sie tun, wird Ihr Chef Sie einstufen und mit anderen Mitarbeitern vergleichen. Nutzen Sie dieses Hintergrundwissen und präsentieren Sie sich von Ihrer besten Seite! Denn was nützt es Ihrer Karriere, wenn Sie große Leistungen bringen, aber Ihr Chef diese gar nicht wahrnimmt, sondern nur die Erfolge des Kollegen registriert.

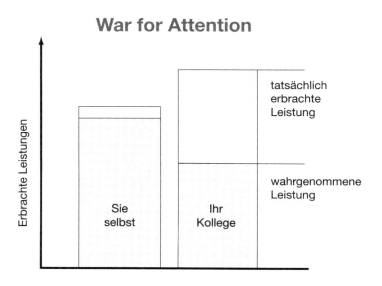

Um Feedback bitten Bitten Sie den Chef während der Probezeit alle zwei Monate um ein Gespräch über Ihre Arbeit. So bekommen Sie nicht nur unmittelbares Feedback, sondern Ihr Chef nimmt auch Ihre Leistungen wahr. Sie können natürlich anklingen lassen, wenn Ihnen etwas besondere Mühe bereitet hat. In all diesen Fällen ist allerdings ein wenig Fingerspitzengefühl gefragt. Wichtig ist es, nicht zu jammern oder anzugeben. Bewährt hat sich folgende Strategie: Sie unterstreichen im Gespräch den Erfolg für das Unternehmen und bemerken ganz einfach am Rande Ihren Anteil daran. Einige Formulierungsbeispiele, wie Sie ein Gespräch taktisch klug in die richtige Richtung lenken können:

- »Wow, das war ein harter Brocken! Aber stellen Sie sich vor, letztendlich hat die Firma XY doch noch unsere Telefonkomplettanlage geordert. Hat sich doch gelohnt, dass ich noch einmal hingefahren bin.«
- »Ich wollte es Ihnen als Erstem sagen: Frau V. hat heute früh angerufen und gesagt, dass wir den Bauauftrag bekommen! Das bringt uns fast 500 000 Euro Umsatz.«
- »Ein Glück, dass ich die Ablage kürzlich umstrukturiert habe, jetzt konnte ich Ihnen die Unterlagen schon heute zusammenstellen.«

So kann Ihr Chef Ihren Anteil am Unternehmenserfolg nicht länger übersehen – und wird in Krisenzeiten darauf bauen, dass Sie sich auch dann bewähren.

Smalltalk trainieren Smalltalk ist die Kunst, unverbindlich ins Gespräch zu kommen. Ein kurzer Austausch auf dem Weg zum Parkplatz oder zur Kantine gehört genauso dazu wie ein Schwätzchen im Lift oder auf dem Flur. Eine banale Bemerkung übers Wetter reicht schon aus, um eine Verbindung zum anderen aufzubauen. Wenn dann das Eis erst einmal gebrochen ist, haben Sie freie Fahrt. Auf dem Weg vom ersten bis zum dreißigsten Stock können Sie alles sagen, was Ihnen wichtig ist – zum Beispiel, wer Sie sind, was Sie können und was Sie vorhaben. Ein Beispiel: »Ich bin Franziska Maier, zuständig für die Gestaltung der firmeneigenen Homepage, und mein Ziel ist es, die Seite benutzerfreundlicher zu machen.« Am besten formulieren Sie einen solchen Satz für sich und lernen ihn auswendig. Dann verpassen Sie keine Gelegenheit, nur weil Sie im entscheidenden Moment nicht wissen, was Sie sagen sollen. Gesagt, getan: Notieren Sie Ihre Selbstvorstellung gleich hier:

Mein Name ist _____.
Ich arbeite als _____.
Mein Ziel ist _____.

Bremsersprüche erkennen und sich davon befreien Überlegen Sie einmal, welchen typischen Bremserspruch Sie in Ihrer Kindheit von Eltern, Großeltern oder Lehrern oft zu hören bekamen. Bremsersprüche sind Erfolgsbremsen, die uns noch als Erwachsene behindern. Eine kleine Auswahl:

- »Du glaubst wohl, du bist was Besseres!«
- »Das kannst du ja doch nicht.«
- »Das tut man nicht!«
- »Eigenlob stinkt.«
- »Spinn nicht so rum.«
- »Sei nicht so vorlaut.«
- »Ein Junge weint nicht.«
- »Ein Indianer kennt keinen Schmerz.«
- »Das ziert sich nicht für ein Mädchen.«
- »Was sollen denn die Nachbarn sagen?«
- »Sei still.«
- »Geh auf dein Zimmer.«
- »Nimm dir ein Beispiel an ... «
- »Solange du deine Füße unter meinen Tisch streckst, ... «
- »Streng dich doch mal an!«
- »Du Nichtsnutz!«

Machen Sie solche Bremsersprüche unwirksam, indem Sie eine Gegenaussage formulieren. Aus »Du glaubst wohl, du bist was Besseres!« wird dann »Ich bin was Besonderes!«. Aus »Sei bescheiden!« wird »Ich darf zeigen, was ich kann!«. Und eine gelungene Gegenaussage zu »Das kannst du ja doch nicht!« ist »Ich kann vieles sehr gut.«. Welchen speziellen Bremserspruch haben Sie gehört und verinnerlicht? Tragen Sie ihn hier ein, und formulieren Sie dann Ihre Gegenaussage:

Dieser Spruch beeinflusst mich noch heute:

_____

_____

Meine Gegenaussage:

_____

_____

Diese Gegenaussage müssen Sie verinnerlichen und anfangen, danach zu handeln. Am besten schreiben Sie sie auf ein großes rotes Blatt Papier und hängen sie über Ihr Bett. So lockern Sie Erfolgsbremsen und tun einen wichtigen Schritt zur erfolgreichen Selbstdarstellung.

Nicht klagen Auch wenn Sie wie alle anderen mal einen schlechten Tag haben: Versuchen Sie, nicht überfordert zu wirken. Warum sollte man Sie befördern oder in Krisenzeiten nicht über Ihre Entlassung nachdenken, wenn Sie scheinbar schon jetzt überlastet sind? Ist Ihnen schon aufgefallen, dass Leute wie Franz Beckenbauer oder Bill Clinton immer aussehen, als würden sie soeben aus dem Urlaub kommen?

Berufliche Perspektiven entwickeln Denken Sie über Ihre beruflichen Perspektiven nach. Tun Sie das auch, wenn die Aussichten gerade nicht so gut sind und sich viele Ihrer Kollegen aus Angst vor dem Jobverlust eher passiv verhalten. Entwickeln Sie eine Vorstellung davon, wo Sie hinwollen – beispielsweise, indem Sie ein Zielfoto Ihres Traumjobs entwerfen (siehe Seite 142). Das wird Ihren Blick für wichtige Situationen und Menschen schärfen und Sie motivieren, günstige Gelegenheiten für Selbst-PR auch wirklich zu nutzen.

Netzwerke pflegen Als Einzelkämpfer sind Sie verloren. Wir alle brauchen Menschen, die uns vor Fallen warnen und uns auf Chancen aufmerksam machen, Leute, die wir fragen können, wenn wir eine Herausforderung suchen oder einen Tipp benötigen. Wie Sie ein Netzwerk aufbauen und pflegen, lesen Sie ab Seite 191.

Sich für Neues öffnen Werden Sie ein Fragezeichen-Mensch! Zeigen Sie Interesse an Dingen, die über Ihren Tätigkeitsbereich hinausreichen. Dies zeugt von Interesse an Ihrem Gegenüber und von dem Willen, Neues zu erlernen. Sie kommen ins Gespräch und entwickeln sich durch solche Anregungen von außen weiter.

Zu Fehlern stehen Stehen Sie für Ihre Fehler gerade, anstatt diese krampfhaft zu verstecken. Fehler zuzugeben zeugt von Verantwortungsbewusstsein und weckt Respekt und Vertrauen. Wenn etwas schiefläuft, dann sagen Sie: »Es ist meine Schuld, ich übernehme die Verantwortung.« Versinken Sie aber nicht in Selbstmitleid, sondern präsentieren Sie eine Lösung, wie sich der Fehler ausbügeln lässt. Ist etwas richtig gut gelaufen, dann weisen Sie auch auf die Teamleistung hin.

Begeisterung ausstrahlen Strahlen Sie natürliche Motivation und Begeisterung für Ihre Tätigkeit aus: Machen Sie sich zügig an Aufgaben, arbeiten Sie konzentriert, beweisen Sie Energie und Tatkraft. Lassen Sie Ihre Taten für sich sprechen, anstatt wie viele andere nur durch große Worte aufzufallen.

Von Mitbewerbern lernen Beobachten Sie Ihre »Mitbewerber«, das heißt Kollegen, die auf einer ähnlichen Ebene in der Hierarchie arbeiten. Was können Sie von ihnen lernen, was können Sie besser als andere? Bleiben Sie stets fair! Schwächen anderer zu nutzen, um sich selbst einen Vorteil zu verschaffen, sollte ein Tabu für Sie sein. Intriganten mag keiner, das zahlt sich auf die Dauer nicht aus. Auch Ihr Chef wird Ihnen kaum Respekt zollen, wenn er hinter solche Aktionen kommt – im Gegenteil!

Fans kultivieren Nutzen Sie Kunden für Ihre Selbst-PR. Nichts ist eindrucksvoller und wirksamer als ein glücklicher Kunde, der für Sie wirbt! Dazu müssen Sie natürlich besonders kundenorientiert handeln. Geben Sie durchaus einen kleinen Hinweis, wenn ein Kunde Sie lobt: Sie freuen sich, wenn er das auch Ihrem Chef erzählt!

Auch im Team sichtbar bleiben Arbeiten Sie engagiert in Teams mit, aber achten Sie darauf, dass Sie dort nicht untergehen und Ihr Beitrag an einem Projekt erkennbar bleibt. Dazu übernehmen Sie am besten Aufgaben, die klar dokumentiert werden, und machen konkrete Vorschläge, die das Team insgesamt weiterbringen.

Die Gunst der Stunde: Meetings & Co.

Ergreifen Sie jede Gelegenheit, positiv auf sich aufmerksam zu machen. Dafür gibt es im Arbeitsalltag immer wieder gute Anlässe. Gehen Sie beispielsweise mit auf Ausflüge, zumal Sie dort auch Zeit mit den Entscheidern Ihrer Firma verbringen können. Besuchen Sie Neujahrsempfänge, Betriebsversammlungen, Ein- und Ausstände von Kollegen. Am besten überlegen Sie schon vorher, was Sie die wichtigen Persönlichkeiten fragen könnten. Sonst stehen Sie plötzlich vor einem Entscheidungsträger, und weil Ihnen nichts einfällt, können Sie Ihre Chance nicht nutzen. Mehr zu Meetings, Präsentationen und anderen »Bühnen« für Selbst-PR im Unternehmensalltag lesen Sie im Folgenden:

Meetings nutzen Für viele Menschen sind Meetings eine lästige Unterbrechung ihrer »eigentlichen« Arbeit. Ein fataler Irrtum! In Sitzungen können Sie Ideen vortragen und durchsetzen, konstruktive Kritik üben, Ihr Wissen zeigen, Kommunikationsfähigkeit beweisen. Betrachten Sie jedes Meeting als ein Assessment-Center – als ein Training, bei dem anwesende Entscheider sich (auch) ein Urteil über die Kompetenz ihrer Mitarbeiter bilden. Ein guter 2-Minuten-Auftritt hier kann mehr bewirken als wochenlange Fleißarbeit im stillen Kämmerlein. Praktische Tipps für Ihr Verhalten in Meetings:

- Kommen Sie nicht zu spät. Am besten, Sie sind etwas zu früh dran, dann haben Sie noch Zeit, sich anderen Leuten vorzustellen.
- Wenn es keine feste Sitzplatzverteilung gibt, seien Sie mutig und setzen Sie sich neben die »Mächtigen«. Die stehen meistens im Mittelpunkt, dort wird öfters hingeschaut. Im Windschatten wichtiger Leute erreichen Sie einen höheren Aufmerksamkeitswert bei Diskussionen.
- Bereiten Sie sich vor. Sehen Sie sich die Tagesordnung an, überlegen Sie, bei welchen Themen Sie einen guten Beitrag leisten können. Recherchieren Sie einige Themen im Voraus. Es macht sich hervorragend, wenn Sie mit aktuellen Statistiken und Umfrageergebnissen glänzen können.
- Wenn Sie in einer größeren Runde sind und es passt, stehen Sie auf, wenn Sie etwas sagen. Die Leute hören sehr viel aufmerksamer zu, wenn sie Sie sehen können.
- Tun Sie sich mit Kollegen zusammen. Gemeinsam können Sie im Meeting aufeinander aufmerksam machen: »Ich möchte den Vorschlag von Herrn P. aufgreifen ...«, »Herr W., was meinten Sie mit ...« oder »Ich fand sehr wichtig, was Frau K. vorhin sagte ...«.
- Wenn Projektgruppen gebildet werden, verstecken Sie sich nicht; wenn sich Ihnen eine Möglichkeit zur Profilierung bietet, nehmen Sie diese wahr!

In der Hauszeitschrift auf sich aufmerksam machen Gibt es in Ihrem Unternehmen eine Hauszeitschrift oder einen elektronischen

Newsletter für die Mitarbeiter? Wenn ja, dann sollten Sie diese Medien für Ihre Selbst-PR nutzen. Oft erscheinen die Zeitschriften oder Newsletter monatlich, und es ist schwierig, genügend Beiträge für alle Ausgaben zu finden. Überlegen Sie sich doch einmal, welches Thema Sie beisteuern können. Was ist gerade aktuell? Was interessiert die Kollegen, was Ihren Chef? Womit kennen Sie sich gut aus? Ich bin mir sicher, die Redakteure freuen sich über jeden qualifizierten Beitrag. Bietet man Ihnen an, Ihren Beitrag mit einem Porträtfoto zu versehen, winken Sie nicht bescheiden ab, sondern reichen Sie eine professionell gemachte Aufnahme ein. Bitte nicht nach dem alten Bewerbungsfoto kramen! Ihr Bekanntheitsgrad im Unternehmen wird rapide ansteigen. Ihr Vorgesetzter wird Ihr Engagement zu schätzen wissen, insbesondere, wenn Sie ihn geschickt mit einbinden und beispielsweise mit einem kurzen Statement oder Interview zu Wort kommen lassen.

Richtig präsentieren Egal, was Sie präsentieren, Sie präsentieren sich selbst immer mit. Die Aufmerksamkeit der Zuhörer hängt von Ihnen und Ihrer Begeisterung für das Thema ab. Gehen Sie also mit einer positiven Einstellung an die Sache heran: »Ich habe etwas Interessantes zu sagen und kenne mich hervorragend aus. Das Publikum brennt darauf, es zu erfahren.« Vermeiden Sie die Einstellung: »Die sind alle missmutig und warten nur auf einen Fehler, um mich und meinen Vortrag zerpflücken zu können.« Da sitzen schließlich lauter Menschen wie Sie und ich. Unvollkommenheit ist keine Schande, sondern vollkommen menschlich. Wenn Sie einmal etwas nicht wissen, dann sagen Sie es offen und bieten Sie an, die Sache zu recherchieren und die Antwort nachzuliefern. Auch eine gewisse Nervosität ist verständlich, und wenn Sie Ihre Aufregung kurz ansprechen, wird Sie das in den Augen Ihres Publikums nur sympathischer machen. Eine gute Vorbereitung ist dennoch enorm wichtig. Das betrifft zum einen den Vortrag selbst, den Sie vorab unbedingt proben sollten. Nützliche Fragen für Ihre Vorbereitung:

- Auf welchem Wissensstand ist Ihr Publikum?
- Was erwarten die Leute?
- Wo müssen Sie Schwerpunkte setzen?
- Welche Sprache müssen Sie sprechen?
- Wie lange können Ihre Zuhörer sich konzentrieren?

Zum anderen müssen Sie natürlich die Technik im Griff haben. Vergewissern Sie sich im Vorfeld, ob alles richtig funktioniert. Probieren Sie den Beamer und das Mikrofon aus und machen Sie sich mit der Fernbedienung für die PowerPoint-Präsentation vertraut. Und denken Sie beim Erstellen des Vortrags daran, dass Sie als Person im Mittelpunkt stehen sollten, nicht die Leinwand oder technischer Schnickschnack. Beziehen Sie das Publikum mit ein, halten Sie Blickkontakt, lockern Sie die Inhalte mit Beispielen und Geschichten auf. Verwenden Sie die Präsentationsmittel lediglich als Unterstützung und nicht als Ersatz für Sie als Vortragenden. So machen Sie sich sichtbar – und Ihre Zuhörer werden später Sie in angenehmer Erinnerung haben und nicht das neue bunte Präsentationsprogramm.

Professionell telefonieren Auch am Telefon können Sie sich entweder exzellent oder sehr miserabel verkaufen. Innerhalb der ersten Sekunden entscheidet sich, ob Ihr Gesprächspartner Sie sympathisch findet oder nicht. Achten Sie also schon beim Nennen Ihres Namens darauf, dass Sie nicht ablehnend oder genervt klingen, sondern immer fröhlich und offen – selbst wenn Sie gerade dabei waren, Feierabend zu machen. Es könnte schließlich sein, dass ausgerechnet dann Ihr Geschäftsführer oder Ihr wichtigster Kunde anruft. Hier einige Tipps, wie Sie beim Anrufer Pluspunkte sammeln:

- Lassen Sie das Telefon nicht zu lange läuten. Beim dritten Klingeln sollten Sie abheben.
- Konzentrieren Sie sich auf das Gespräch. Unterbrechen Sie Ihre Arbeit, sammeln Sie sich kurz, nehmen Sie ab und lächeln Sie dann in den Hörer. So ein Lächeln kann man tatsächlich hören.
- Notieren Sie den Namen des Anrufers. Wenn Sie ihn nicht richtig verstanden haben, fragen Sie ruhig nach. Verwenden Sie den Namen, wenn es passt.
- Gehen Sie positiv an die Dinge heran. Machen Sie mit Ihren Formulierungen klar, dass Sie etwas gerne tun. Sagen Sie also nicht »Ich weiß nicht, ob das geht«, sondern »Ich werde gerne versuchen, das möglich zu machen«.
- Fassen Sie am Schluss des Gesprächs das Gesagte kurz zusammen, um Klarheit zu schaffen und Missverständnisse zu vermeiden.
- Wenn Sie einmal wirklich keine Zeit oder den Kopf nicht frei für Telefonanrufe haben, bitten Sie einen Kollegen, Ihre Anrufe anzunehmen, oder schalten Sie die Mailbox ein. Sie können dann zurückrufen, wenn Sie wieder besser gestimmt sind.

Aktionsplan: Ihre PR-Strategie

Mit der Selbst-PR ist es wie mit Fortschritten auf anderen Gebieten auch: Wenn Sie nicht planen und sich Ziele setzen, bleiben Sie irgendwann im Sumpf Ihrer Gewohnheiten stecken. Ein Beispiel: Vor einiger Zeit bin ich dem stellvertretenden Direktor einer Bank begegnet. Er beklagte sich ausführlich über seine berufliche Situation: Sein Chef sei nicht nur unfähig, der Umgang mit ihm sei auch äußerst beschwerlich. Das Ganze sei nur noch dadurch zu ertragen, dass er täglich die Tage bis zu seinem Ruhestand zähle. In 1249 Tagen habe er es geschafft.

Im weiteren Verlauf des Gesprächs kam dann allerdings der Clou. Der Aufsichtsrat und jetzige Vorgesetzte sei vor der Stellenbesetzung bei ihm, dem stellvertretenden Direktor, gewesen und habe mit ihm über die offene Stelle gesprochen. Was denn die Anforderungen für die Direktorenposition seien? Zum Schluss hatte er noch gefragt, ob der stellvertretende Direktor daran interessiert sei, die Stelle selbst zu besetzen. Diese Frage kam sehr überraschend, und der stellvertretende Direktor erwiderte, völlig überrumpelt und überfordert: Nein. Heute fragt er sich täglich, wieso er damals Nein sagen konnte. Seine einzige Erklärung: Er hatte keine persönliche Zukunftsstrategie. Deshalb konnte er die Frage aus dem Stegreif nicht beantworten. Danach bot sich ihm keine weitere Chance – es war zu spät.

Erfolg durch Selbst-PR setzt voraus, einen solchen Karriereplan für die Zukunft zu haben – um sich planvoll weiterzuentwickeln, aber auch, um sich bietende Chancen zu erkennen und sie nutzen zu können.

Schauen Sie einmal das folgende Muster an. Sie erkennen sofort, worauf es bei Ihrem PR-Plan ankommt. Ausgangspunkt ist wie im Ziele-Kapitel Ihre berufliche Vision. Ihre Marketingmaßnahmen müssen auf Ihr Zielfoto abgestimmt sein. Schließlich ist es ein Unterschied, ob Sie es im Außendienst, in der Presseabteilung oder im Personalbereich zu etwas bringen wollen. Füllen Sie anschließend Ihren persönlichen Aktionsplan auf Seite 188 aus.

Selbst-PR (Muster)

Wo will ich hin? (Meine berufliche Vision/mein Zielfoto)			
Als Marketingleiter in einem mittelständischen Unternehmen arbeiten (Branche: Maschinenbau)			
Trete ich so auf?	Ja ☐	Teilweise ☒	Nein ☐
Was will ich verändern? Bitte unten ankreuzen und Termin setzen!			

PR-Strategie	Maßnahme		Bis wann?
Kleidung/Outfit überprüfen	Kleiderschrank-Check	☒	Am nächsten Feiertag (1. Mai)
	Persönliche Farb- und Stilberatung	☒	Zum Geburtstag schenken lassen
	Einkaufsberatung	☒	Mit dem nächsten Weihnachtsgeld
Auftreten und Ausstrahlung optimieren	Körpersprache beachten (Haltung, Blickkontakt, Freundlichkeit)	☒	Ab sofort
	Präsentationstraining besuchen	☐	----
	Auftritt am Telefon verbessern (Kollegen-Feedback einholen; ggf. Telefontraining)	☒	Mit Kollegin Wagner besprechen, gemeinsame Mittagspause
...	...		...

Und nun sind Sie an der Reihe. Wie Sie sehen, erfordern einige Maßnahmen keine lange Planung und Vorbereitung. Ich empfehle Ihnen daher, sie sofort umzusetzen.

Selbst-PR

Wo will ich hin? (Meine berufliche Vision/mein Zielfoto)		

Trete ich so auf?	Ja ☐	Teilweise ☐	Nein ☐

Was will ich verändern?
Bitte unten ankreuzen und Termin setzen!

PR-Strategie	Maßnahme		Bis wann?
Kleidung/Outfit überprüfen	Kleiderschrank-Check	☐	
	Persönliche Farb- und Stilberatung	☐	
	Einkaufsberatung	☐	
Auftreten und Ausstrahlung optimieren	Körpersprache beachten (Haltung, Blickkontakt, Freundlichkeit)	☐	
	Präsentationstraining besuchen	☐	
	Auftritt am Telefon verbessern (Kollegen-Feedback einholen; ggf. Telefontraining)	☐	
Durch exzellente Umgangsformen überzeugen	Knigge-Training besuchen	☐	
	Business-Knigge beachten (Rangfolge im Job, Umgang mit Kunden), Buch dazu lesen	☐	
	Tischetikette üben: Dinge abgucken, mit »Könnern« essen gehen	☐	

Büro/Arbeitsplatz als persönliche Visitenkarte gestalten	Bürocheck machen (siehe Seite 171)	☐	
	Büro umgestalten (aufräumen, ausmisten, neu dekorieren)	☐	
Im Arbeitsalltag auf Selbst-PR achten	Bremsersprüche ermitteln und umschreiben	☐	
	Mehr arbeiten als andere	☐	
	Dem Chef Erfolge bewusst machen	☐	
	Hilfreiche Dinge tun: Wertschätzung, Lob, Offenheit für Neues, Smalltalk, Netzwerke	☐	
	Nicht klagen, jammern, überfordert wirken, sondern Begeisterung ausstrahlen	☐	
	Meetings bewusst nutzen (vorbereiten, zu Wort melden)	☐	
	Artikel für Hauszeitschrift anbieten	☐	

Service: Sie können das Arbeitsblatt auf der Webseite zu diesem Buch (*www.sobehaltensieihrenjob.de*) kostenlos herunterladen, ausdrucken und ausfüllen!

Auf einen Blick

- Wie Sie auf Ihr Gegenüber wirken, entscheidet sich in wenigen Sekunden. Kleidung, Körperhaltung und Blickkontakt spielen eine wichtige Rolle dabei, ob Sie als kompetent und sympathisch wahrgenommen werden.
- Umgangsformen sind wieder in. Respekt und Höflichkeit, Tischetikette und die Beachtung der beruflichen Hierarchie gehören dazu.
- Ihr Büro und Ihr Arbeitsplatz sind Ihre erweiterte Visitenkarte. Sorgen Sie dafür, dass beides für Sie spricht – für Ihre Effizienz, Ihre Übersicht und Ihren Geschmack.
- Selbst-PR heißt einerseits, im Berufsalltag jeden Tag positiv auf sich aufmerksam zu machen – beispielsweise nicht zu jammern, sondern Begeisterung auszustrahlen; andere zu loben; eigene Erfolge beiläufig dem Chef zu verdeutlichen, Verantwortung für Fehler zu übernehmen und zur richtigen Zeit Smalltalk zu machen.
- Selbst-PR heißt andererseits, besondere »Bühnen« im Berufsalltag gut zu nutzen – etwa in Meetings, bei Präsentationen oder durch einen Artikel in der Hauszeitschrift den bestmöglichen Eindruck zu hinterlassen.
- Selbst-PR ist ein weiterer Baustein für die Sicherung Ihres Arbeitsplatzes. Der unentbehrliche A-Mitarbeiter glänzt nicht im stillen Kämmerlein, sondern zeigt seine guten Leistungen auch vor – und ist darüber hinaus immer bedacht auf Höflichkeit und Respekt anderen gegenüber.

Schritt 7: Beziehungen knüpfen. Finden Sie Verbündete auf dem Weg nach oben

Das Leben ist zu kurz, um es in vergängliche Materie
zu investieren.
Investieren Sie doch in Menschen – und Ihre Dividende ist
gesichert.

Karl Pilsl

Einführung: Nehmen wir an, jemand in Ihrer Umgebung hat einen schönen Erfolg zu feiern – eine Beförderung, eine neue Stelle, einen lukrativen Auftrag. Fragt man das Glückskind, wie es dazu kam, erhält man häufig zur Antwort: »Ich habe einen Tipp bekommen«, »Ich bin angesprochen worden« oder »Es gab eine Empfehlung, um drei Ecken herum«. Kontakte spielen heute eine Schlüsselrolle, Einzelkämpfer haben es schwer. Denken Sie nur daran, wie Sie sich einen neuen Zahnarzt suchen oder entscheiden, wer das Büfett zu Ihrem 40. Geburtstag liefern soll. Da schauen Sie erst ganz zuletzt im Branchenbuch nach und fragen vorher Freunde oder Kollegen nach einer Empfehlung. Wie bei einer Bergtour, wo Sie den Gipfel mit Gleichgesinnten schneller und sicherer erreichen, brauchen Sie auch im Beruf Verbündete – Menschen, die Sie unterstützen, wenn es um eine wichtige Entscheidung geht, um einen Karrieresprung oder um die Sicherung Ihres Jobs in wirtschaftlich schwierigen Zeiten. Gerade im letzten Fall ist ein gut funktionierendes Netzwerk ein Segen. Wie Sie diese Menschen finden und wer Sie professionell unterstützen kann, lesen Sie in diesem Kapitel.

Halten Sie die Augen offen

»Man sieht nur, was man weiß« – mit diesem Slogan bewirbt ein renommierter Verlag seine Kunstbücher und Reiseführer. Was für Kunst und ferne Länder gilt, stimmt auch im Alltag: Um bestimmte Dinge überhaupt wahrzunehmen, muss man innerlich auf sie vorbereitet sein. Viele Menschen übersehen zum Beispiel Möglichkeiten, nützliche Kontakte zu knüpfen, ganz einfach. Das sind diejenigen, die in Seminarpausen lieber in ihren Unterlagen blättern, statt sich mit den anderen Teilnehmern auszutauschen. Oder die Leute, die Einladungen zu Vortragsveranstaltungen im letzten Moment doch absagen, weil sie ganz dringend noch die Post der letzten Tage durchsehen müssen. Oder auch die, die beim Neujahrsempfang der Konzernleitung ausschließlich am Büfett und nicht an anderen Teilnehmern interessiert sind. Sie alle werden nie erfahren, was sich aus dem Austausch mit Kollegen, Ranghöheren oder Gleichgesinnten ergeben hätte, oder wen Sie anlässlich des Vortrags hätten kennenlernen können. Auch aus der »Chefperspektive« betrachtet ist ein gut funktionierendes Netzwerk eine wichtige Sache. Wenn ich in unserer Firma einen Mitarbeiter habe, der sich aktiv um wertvolle Kontakte bemüht, der sich in professionellen Vereinigungen wie beispielsweise bei den Wirtschaftsjunioren oder im Marketing-Club engagiert, dann macht ihn das sicherlich zu einem A-Mitarbeiter – vorausgesetzt natürlich, seine Leistung im Unternehmen ist erstklassig. Übrigens: Wir drücken jedem neuen Mitarbeiter erst einmal 200 Visitenkarten in die Hand, und wenn er sich gut vernetzt, wird er sie bald verbraucht haben!

Ändern Sie Ihren Blickwinkel

Oft bezeichnet man die Art und Weise, die Welt wahrzunehmen, auch als Paradigma. Die Aufforderung, »die Augen offen zu halten«, ist für manche nichts anderes als die Aufforderung zu einem Para-

digmenwechsel. Man könnte auch sagen: Setzen Sie eine neue Brille auf – die »Netzwerkbrille«. Damit werden Sie viele Dinge neu und anders betrachten, denn diese Brille schärft Ihren Blick dafür, wer Ihnen auf dem Weg zu beruflichem Erfolg helfen könnte. Hier nur drei Beispiele:

Ehemalige Klassenkameraden Plötzlich ist Ihr Klassentreffen nicht nur eine Gelegenheit, alte Freunde wieder einmal zu sehen, sondern Sie fragen sich: Wer von meinen Kumpels von damals hat Karriere gemacht und könnte mir helfen, interessante Kontakte herzustellen?

Referenten Nach einem Vortrag, den Sie besuchen, haben Sie bisher allenfalls noch mit einigen Besuchern zusammengestanden, um zu diskutieren, und irgendwann sind Sie nach Hause gegangen. Jetzt suchen Sie ganz bewusst die Nähe zum Referenten. Sie drücken ihm Ihren neuen Prospekt in die Hand, der Ihre Dienstleistung oder Ihr Produkt beschreibt – in der Hoffnung, dass er irgendeinen bedeutenden Satz sagt, den Sie als Testimonial verwenden können. Sie sagen zum Beispiel: »Herr Vortragender, in Ihrem Vortrag haben Sie gerade erwähnt, dass … Ich habe hier einen Prospekt, in dem es um genau die Dienstleistung geht, von der Sie gerade gesprochen haben.« Wenn er jetzt sagt: »Höchste Zeit, dass sich mal jemand dieses Themas angenommen hat«, dann können Sie das mit seinem

Einverständnis gleich als Testimonial verwenden und für Ihren nächsten Prospekt verwenden. Auch wenn Sie einen Artikel zu einem Thema geschrieben haben, das den Referenten interessiert, können Sie so verfahren und sein Statement beispielsweise auf Ihrer Webseite veröffentlichen. Und: Warum sollten Sie nicht ein Foto von Ihnen beiden auf Ihre Webseite stellen? Dass Sie und Herr XY sich fachlich miteinander ausgetauscht haben, ist doch eine Nachricht wert!

Branchenstammtisch Ihr Kollege erzählt beim Mittagessen von einer lockeren Runde, einer Art Stammtisch, dem er seit einigen Wochen angehört. Dort treffen sich Mitarbeiter aus verschiedenen Unternehmen, die alle im Marketing arbeiten, und tauschen sich ein, zwei Stunden über neue Entwicklungen aus, bevor es zum gemütlichen Teil des Abends übergeht. (Dass es dabei nicht um Betriebsgeheimnisse geht, versteht sich von selbst.) Ihr Kollege fragt Sie, ob Sie nicht mal mitkommen wollen. Statt Ihrem Ruf als Couch-Potato gerecht zu werden (»Ach, noch ein Abend außer Haus, das ist mir zu anstrengend!«), überwinden Sie Ihren inneren Schweinehund, gehen beim nächsten Mal mit – und treffen auf interessante Gesprächspartner, die das Problem, an dem Sie schon lange herumdoktern, mal ganz anders betrachten.

Nutzen bieten und Nutzen ernten

Mit Paradigmenwechsel meine ich also, dass Sie sich bei alltäglichen Begegnungen fragen sollten: »Wer kann mir wie nutzen?« Eine egozentrische Einstellung und verwerflich? Nein, auf gar keinen Fall. Denn umgekehrt fragen Sie sich ja auch: Wie kann ich meinem Gegenüber nutzen und sein Ansehen mehren? Diesen Gedanken gilt es zu verinnerlichen, wenn es um das Knüpfen und Pflegen neuer Kontakte geht.

Vor einiger Zeit hat mich ein Freund, ein örtlicher Schuhhändler, angesprochen. Ein Finanzdienstleister, der ihm seine Angebote verkaufen will, hat ihn nun schon zweimal besucht. Die Sache steht eigentlich kurz vor dem Abschluss. Seine Frage am mich: »Jedes Mal, wenn ich ihm gegenübersitze, schaue ich auf seine Schuhe, und es ärgert mich, dass diese Schuhe nicht von mir sind. Wenn er seine Schuhe nicht bei mir kauft, warum soll ich ihm dann seine Finanzdienstleistung abkaufen?« Nutzen bieten und Nutzen ernten ist eben aufs Engste miteinander verknüpft. Die »Augen offen halten« soll heißen: Fragen Sie sich in jeder Situation, welchen Nutzen Sie bieten und welchen Sie ernten können. Ein guter Kontakt ist keine Einbahnstraße, er funktioniert nur, wenn es in beide Richtungen geht. Wenn Sie jemanden über einen längeren Zeitraum nur »nutzen« und für ihn nichts rüberkommt, wird er sich ausgenutzt fühlen und den Kontakt beenden.

1 + 1 = 3

Jeder weiß: Wenn die richtigen Leute zusammenkommen, dann ist 1+1 nicht 2, sondern 3, 5 oder gar 15. Wenn Menschen ihre Fähigkeiten, Talente, Erfahrungen und Beziehungsnetze vereinen, um auf ein gemeinsames geschäftliches oder privates Ziel hinzuarbeiten, entsteht eine »dritte Kraft«, ein Braintrust. Plötzlich erreicht man Dinge, die man nie für möglich gehalten hätte. Wenn allerdings die falschen Leute zusammenkommen, dann ist 1+1 nur 1,5 oder vielleicht sogar nur 0,5 – etwa, weil man sich gegenseitig blockiert oder wichtige Kompetenzen fehlen, während andere im Überfluss vorhanden sind und die Experten sich gegenseitig bekriegen. Wichtig ist bei solchen Bündnissen, dass alle Beteiligten einen Nutzen davon haben. Sie brauchen eine Gewinner-Gewinner-Strategie. Sie werden kaum Verbündete finden, die Ihnen beim Erreichen Ihrer Ziele helfen, wenn Sie zum Schaden anderer handeln, wie der Tiger in der folgenden Geschichte:

Gemeinsam werden wir besser

Ein Jäger hatte einen prächtigen Tiger entdeckt. Er legte an und zielte, doch da wurde er vom Tiger erspäht. Zur Überraschung des Jägers ließ sich das Tier mit sanftem Schnurren vernehmen: »Aber, aber, mein Lieber, warum denn gleich schießen? Vielleicht finden wir eine andere Lösung. Also, was willst du?« Der Jäger ließ das Gewehr sinken und entgegnete: »Ein Tigerfell würde mir gut stehen.« – »Gut«, meinte der Tiger, »das lässt sich doch lösen. Mir dagegen geht's nur um einen vollen Bauch. Lass uns verhandeln. Ich habe auch schon eine Lösung, wie wir beide ans Ziel kommen können.« Kurze Zeit später marschierte der Tiger allein von dannen. Er hatte den Bauch voll – und der Jäger hatte sein Tigerfell um.

In diesem Fall hat es mit dem Nutzen bieten und Nutzen ernten nicht so gut geklappt, weil nur einer zum Zuge kam. Seien Sie deshalb auf der Hut, dass aus Kontakten Win-Win-Beziehungen werden, und nicht einer als Gewinner und der andere als Loser dasteht. Das ist nämlich das Ende jeder guten Beziehung.

Werden Sie ein (Mit)Glied der Informationskette

Wenn ich an meine Mitarbeiter denke und wie sie sich untereinander und auch mit mir austauschen, dann fallen mir beispielsweise diese beiden Typen ein:

Typ 1: Susanne Susanne stellt fest, dass sie sich in einem Vakuum befindet. Jeden Tag isst sie allein in ihrem Büro, geht nicht zu Feiern und verbringt auch die Pausen nicht mit ihren Kollegen. Der Grund dafür liegt nicht darin, dass sie etwas gegen Gesellschaft hat, sondern sie ist einfach eine fleißige, konzentrierte Arbeiterin. Das Problem ist nur, dass so ziemlich alle wichtigen Informationen über das Unternehmen an ihr total vorbeilaufen. Sie wäre eine der Letzten, die von einschneidenden Veränderungen erfahren würde, selbst wenn diese sie unmittelbar beträfen.

Mein Fazit & Rat: Zeit für drastisches Umdenken: Gute Arbeit zu leisten ist zwar wichtig, aber nicht das Einzige, auf das es ankommt. Manchmal ist nicht der eigene Schreibtisch der richtige Ort, sondern der freie Platz in der Kantine neben den Kollegen. Susanne sollte unbedingt aus ihrem Schneckenhaus herauskommen und ein sichtbarer Teil der Belegschaft werden.

Typ 2: Klaus Klaus hat eine andere Einstellung zum Job als Susanne, jedoch mit genau den gleichen Auswirkungen: Wenn er am Abend das Büro verlässt, will er wenigstens bis zum nächsten Morgen mit nichts mehr etwas zu tun haben, das irgendwie mit seiner Arbeit in Verbindung steht. Deswegen geht er auch nie zum Stammtisch, wo sich die Kollegen aus seiner Abteilung regelmäßig treffen. Auch vor Betriebsausflügen drückt er sich. Das alles hat in seinen Augen keinen Sinn, da schafft man doch sowieso nichts. Er trifft sich lieber mit seinen Freunden und geht mit ihnen wandern oder Rad fahren. Freizeit ist Freizeit, da will er sich schließlich erholen und nicht mehr über die Arbeit nachdenken.

Mein Fazit & Rat: Auch für Klaus heißt es: umdenken. Es mag richtig sein, dass bei diesen Treffen keine Arbeit im eigentlichen Sinn verrichtet wird. Doch hier werden Beziehungen gestärkt und Informationen ausgetauscht. Wenn es mal eng wird, trifft das die Mitglieder des Stammtischs sicherlich nicht unvorbereitet und sie haben sich vielleicht sogar schon überlegt, was man dagegen tun kann. Susanne und Klaus gehören zu den Menschen, die erst aus der Zeitung erfahren, dass die Firma, in der sie arbeiten, an ein größeres Unternehmen verkauft wurde.

Wenn Sie sich wiedererkennen, ähnliche Erfahrungen gemacht haben oder von anderen Veränderungen völlig überrascht wurden (Umstrukturierungen, eine neue Führungsmannschaft, drastische Sparappelle, drohende Kündigungen), sind Sie wahrscheinlich auch außerhalb der Informationskette. Dasselbe gilt, wenn Sie auf Unbehagen oder Stille stoßen, wenn Sie nach der Zukunft fragen. Wenn Sie sich außerhalb der Informationskette befinden, warten Sie nicht, dass sich etwas tut. Tun Sie selbst etwas und bauen Sie sich ein Netzwerk auf, das Ihnen beides bietet – Informationen und Unterstützung. Wie das geht, erfahren Sie im nächsten Abschnitt.

Bauen Sie sich ein Netzwerk auf

Allein kommt man im Leben nicht weit, das haben wir bereits festgestellt. Sehr erfolgreiche Menschen sind nicht nur fachlich kompetent, sondern auch Meister im Umgang mit anderen. Geraten solche Menschen in Bedrängnis, weil auch ihr Arbeitsplatz wackelt, können sie auf ihr gut gepflegtes Netzwerk zurückgreifen. Zum professionellen Netzwerken gehört es, sich selbst wie auch andere sicher einzuschätzen. Beginnen wir mit dem ersten Punkt. Verfügen Sie bereits über ein Netzwerk, das Ihnen beim Erreichen Ihrer Ziele hilfreich sein kann? Machen Sie einmal den Test auf Seite 199, um zu sehen, ob Sie in Ihrer Firma bereits Verbündete haben. Beantworten Sie die zehn Fragen ganz spontan und seien Sie ehrlich zu sich selbst. Sie haben jeweils eine Note von »1« (sehr gut/stark ausgeprägt) bis »5« (sehr schlecht/gar nicht) zu vergeben. Die Auswertung finden Sie im Anschluss auf Seite 199.

Test: Wie gut ist mein Verhältnis zu Kollegen?

Nehme ich Gefühle und Probleme meiner Kollegen bewusst wahr?	1	2	3	4	5
Bin ich mir meiner Wirkung auf meine Kollegen bewusst (Gestik, Mimik)?	1	2	3	4	5
Wie freundlich ist mein Morgengruß?	1	2	3	4	5
Wie gut ist meine Selbstbeherrschung in schwierigen Situationen?	1	2	3	4	5
Kann ich Ideen meiner Kollegen aufgreifen, akzeptieren und honorieren?	1	2	3	4	5
Kann ich Kritik motivierend verpacken?	1	2	3	4	5
Wie gut kann ich selbst mit Kritik umgehen?	1	2	3	4	5
Wie sehr helfe ich meinen Kollegen bei Schwierigkeiten?	1	2	3	4	5
Wie stark trage ich durch Zuverlässigkeit und Freundlichkeit zu einem guten Arbeitsklima bei?	1	2	3	4	5
Kenne ich persönliche Vorlieben meiner Kollegen (Lieblingsverein, Hobbys)?	1	2	3	4	5

Service: Sie können den Test auf der Webseite zu diesem Buch (*www.sobe haltensieihrenjob.de*) kostenlos herunterladen, ausdrucken und ausfüllen!

Auswertung

Zählen Sie alle Noten zusammen und teilen Sie die Summe durch zehn. Das ergibt Ihre Durchschnittsnote.

Note 1,0 bis 2,4 Sie haben einen festen Platz im Herzen Ihrer Kollegen. Sie verstehen es, auf andere Menschen einzugehen und gute Beziehungen herzustellen.

Note 2,5 bis 3,5 Sie bemühen sich, sich gut zu integrieren. Arbeiten Sie an Ihren Schwächen und schärfen Sie Ihren Blick für die Bedürfnisse und Wünsche Ihrer Kollegen.

Note 3,6 bis 5,0 Bisher haben Sie keinen Blick für Ihre Kollegen. Ändern Sie Ihren Kurs radikal – sich ganz alleine durchzuschlagen wird auf Dauer nicht gehen.

Wenn Sie für ein gutes Verhältnis zu Ihren Kollegen sorgen, haben Sie einen wichtigen Schritt auf dem Weg getan, Verbündete zu finden. Doch Vorsicht: Nicht jeder im Unternehmen ist ein nützlicher Bündnispartner. Mit Verlierern und notorischen Nörglern in einem Boot zu sitzen kann Ihnen sogar schaden. Gute Menschenkenntnis und ein Verständnis für die Machtstrukturen am Arbeitsplatz sind weitere wichtige Faktoren bei Ihrer Jobsicherung.

Wer ist wichtig? Die Unternehmensstruktur durchschauen

In jeder Gruppe, in der Menschen regelmäßig zusammenkommen, bildet sich sehr rasch eine Rollenverteilung heraus. Schon im Kindergarten gibt es kleine Anführer, unauffällige Mitspieler und leider oft auch Außenseiter, die von allen getriezt werden. Egal, ob Sportverein, Jugendgang oder politische Fraktion – die Mitglieder organisieren sich, und dabei spielt die Verteilung von Macht und Einfluss eine entscheidende Rolle. Am Arbeitsplatz ist es nicht anders! Wie viel Einfluss jemand hat, drückt sich in Organigrammen und Jobtiteln (Positionen) aus, aber eben nicht nur dort. Neben der offiziellen Hierarchie gibt es eine informelle Rollenverteilung, die nirgendwo schriftlich festgehalten wird und sich erst auf den zweiten Blick erschließt. Entwickeln Sie einen Blick für die Machtstrukturen in Ihrer Abteilung: Der New Yorker Professor Howard W. Polsky hat die Rollenverteilung in kleineren Gruppen erforscht. Nach Polsky kristallisieren sich in Gruppen bestimmte Rollen heraus (wobei manche mehrfach vergeben sein können, während andere möglicherweise im aktuellen Fall gar nicht besetzt sind), die Ihnen das Pyramiden-Schaubild auf Seite 201 zeigt.

Sie sehen: Den größten Einfluss im Unternehmen haben die

Schritt 7: Beziehungen knüpfen **201**

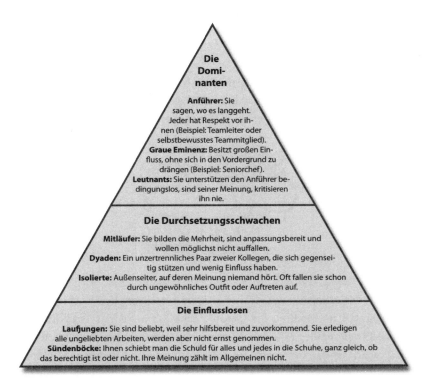

»Dominanten«, wobei die Leutnants wie eine Art Hilfssheriff auf die zukünftige Belohnung ihrer treuen Dienste hoffen. »Anführer« müssen nicht immer in Führungspositionen sitzen: In vielen Teams gibt es den Ersten unter Gleichen, der offensiv seine Position vertritt und als Meinungsführer die anderen mitreißt. Die zahlenmäßig größte Gruppe sind die »Mitläufer«, die weder positiv noch negativ auffallen – in unserem Verständnis typische B-Mitarbeiter. »Laufjungen« und »Sündenböcke« schließlich stehen am unteren Ende der Karriereleiter. Die Laufjungen kochen willig Kaffee und übernehmen widerspruchslos lästige Routinearbeiten. Sie sind nett und hilfsbereit, werden allerdings auch als harmlos eingestuft und daher kaum respektiert. Denken Sie zum Beispiel an die mütterliche Kollegin, die selbst gebackenen Kuchen mitbringt und keine Bitte ablehnen kann:

So sympathisch sie sein mag – für den beruflichen Aufstieg und das Behaupten der Position sind Nettsein und Konfliktscheue keine Empfehlung. Sündenböcken schiebt man gern die Verantwortung zu, wenn irgendetwas schiefgelaufen ist – und dann ist deren Zeit im Unternehmen möglicherweise bald abgelaufen. (Mehr zu diesem Modell in Weidner, *Die Peperoni-Strategie*, Seite 123 ff.)

Wenn Sie Ihren Job sichern wollen, gibt es nur eins: Sorgen Sie für ein gutes Verhältnis zu »Anführern«, »grauen Eminenzen« und »Leutnants« und achten Sie darauf, dass Sie nicht zur Fraktion der einflusslosen Kollegen oder Außenseiter gezählt werden. Auch Ihr Chef wird sehen, mit wem Sie sich hauptsächlich umgeben. Damit meine ich natürlich nicht, dass Sie durchsetzungsschwachen Kollegen das Leben (noch) schwer machen sollen: Wir sind alle berufen, diese Welt besser und menschlicher zu gestalten und Benachteiligten beizustehen. Helfen Sie, wo Hilfe benötigt wird. Denken Sie aber auch daran, dass die richtigen Verbindungen wichtig für Ihren beruflichen Erfolg sind. Regelmäßig mit dem Sündenbock in der Kantine gesichtet zu werden oder in Sitzungen immer wieder für einen unbeliebten Kollegen Partei zu ergreifen, ist deshalb nicht besonders klug: Womöglich färbt das Negativ-Image der Kollegen auf Sie ab. Vermeiden Sie aus demselben Grund offene Konfrontationen mit Verantwortlichen im Unternehmen; Streit geht hier meistens nach hinten los. Ihre Kollegen werden Sie in so einem Konflikt kaum unterstützen, weil sich niemand mit den Mächtigen anlegen will. Und selbst wenn Sie die »Sachdiskussion« zunächst einmal zu Ihren Gunsten entscheiden, wird sich Ihr einflussreiches Gegenüber auf andere Weise revanchieren. »Eine gewonnene Diskussion ist ein verlorener Freund«, heißt es nicht ohne Grund. Und wenn es hart auf hart kommt, kann vom Votum dieses Menschen vielleicht Ihre berufliche Zukunft im Unternehmen abhängen. Bedenken Sie das, bevor Sie ein zu großes Fass aufmachen!

Die Rollenverteilung in Ihrer Abteilung

Wie sieht die Rollenverteilung in Ihrem Team aus? Schauen Sie sich Ihre Abteilung einmal unter dem Gesichtspunkt von Durchsetzungsstärke und Einfluss an. Wer gibt häufig den Ton an, wer ist Mitläufer, wer steht im Abseits? Füllen Sie das folgende Pyramidenschema aus.

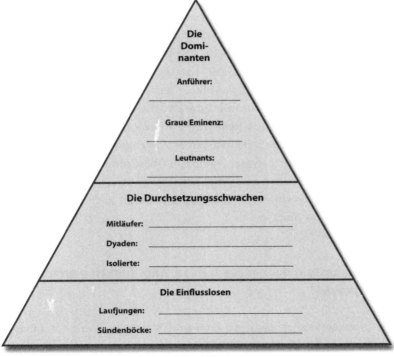

Service: Sie können die Vorlage auf der Webseite zu diesem Buch (*www.sobehaltensieihrenjob.de*) kostenlos herunterladen, ausdrucken und ausfüllen!

Was zeichnet ein gutes Netzwerk aus?

Dass Sie ein Netzwerk brauchen, auch, um Ihren Arbeitsplatz zu sichern, ist damit sonnenklar. »Networking« wird nicht ohne Grund seit einigen Jahren in jedem Karriereratgeber empfohlen. Doch was zeichnet ein berufliches Netzwerk überhaupt aus? Mit »Netzwerken« nicht gemeint ist das Ersetzen von Kompetenz durch Klüngelei und »Vitamin B«. Leistung und Kontakte müssen für dauerhaften Erfolg zusammenkommen, das eine ohne das andere trägt auf Dauer nicht. Sie sollten weiterhin alles daran setzen, ein A-Mitarbeiter zu werden – aber eben ein A-Mitarbeiter mit einem guten Draht zu anderen. Ebenso wenig meint ein Netzwerk engere, freundschaftliche Bindungen, die von privater Sympathie bestimmt sind. Ein professionelles Netzwerk ist eine Interessengemeinschaft, ein Geben und Nehmen Gleichgesinnter – eben geprägt durch gegenseitiges Bieten und Ernten von Nutzen.

Worin besteht der genaue Nutzen eines funktionierenden Netzwerks?

Die Netzwerkexperten Brian Uzzi und Shannon Dunlap nennen in der Fachzeitschrift *Harvard Business Manager* vor allem drei Vorteile guter Vernetzung: Zugang zu Informationen, Zugang zu einem breiteren Spektrum an Fähigkeiten und Macht. Uzzi/Dunlap stützen also die Argumente für Vernetzung, die ich vorher beschrieben habe, nämlich:

- Sie wissen mehr als andere (früher Bescheid wissen, wichtige und heikle Informationen bekommen);
- Sie können Kompetenzen und Fähigkeiten bündeln und gemeinsam mehr erreichen;
- Sie sichern die eigene Position ab, indem Sie zu den richtigen Leuten Verbindungen geknüpft haben.

Meine Aufgaben als Geschäftsführer verschiedener mittelständischer Betriebe und als Vortragsredner könnte ich ohne vielfältige Kontakte kaum erfolgreich ausfüllen. Empfehlungen und Mundpropaganda haben beispielsweise dafür gesorgt, dass mein Bekanntheitsgrad als Business Speaker in den letzten Jahren kontinuierlich gestiegen ist. Die besten Ideen kommen mir im Austausch mit anderen. Vier Mal im Jahr treffe ich mich mit sieben Unternehmerkollegen, jeweils für eineinhalb Tage. Dies ist für mich eine Quelle der Inspiration. Übrigens: Weil es mir so guttut, habe ich bundesweit solche Gruppen, sogenannte Sprinter-Clubs, gegründet. Sprinter-Clubs sind nichts anderes als ein Netzwerk regionaler Unternehmer (*www.tempus.de/sprinter-club.html*). Erstaunlich, wie sich in einem solchen »Inner Circle« die Dinge verändern!

Wer gehört zu einem funktionierenden Netzwerk?

Ein gutes Netzwerk ist möglichst vielfältig und breit gestreut – groß genug, um Ihnen in vielen Situationen Hilfestellung zu bieten, und klein genug, um es regelmäßig pflegen zu können. Gute Kandidaten für Ihr Netzwerk sind:

- leistungsorientierte Teamkollegen (möglichst A-Mitarbeiter),
- die »Dominanten« in Ihrer Abteilung wie in Nachbarabteilungen,
- Kollegen anderer Abteilungen und Filialen Ihres Unternehmens,

- Kollegen und Leistungsträger in anderen Unternehmen Ihrer Branche (Ex-Kollegen, Ex-Chefs, Seminarkontakte),
- Kollegen und Leistungsträger anderer Branchen (zum Beispiel Zulieferer, Kunden, Berater und Trainer),
- interessante Gesprächspartner, die Sie in Ihrer Freizeit oder auf Dienstreisen kennenlernen,
- Ihr Freundes- und Bekanntenkreis und natürlich auch die erweiterte Familie.

Wenn Sie sich von einem Netzwerk Anregungen für Ihre persönliche Entwicklung, nützliche Informationen und hilfreiche Tipps zur Jobsicherung erhoffen, dürfen Sie nicht immer nur im eigenen Saft köcheln. Erweitern Sie Ihren Horizont und blicken Sie über Ihr Team, Ihre Abteilung und gelegentlich auch über Ihr Unternehmen hinaus! Wie Sie das konkret anstellen, lesen Sie im nächsten Abschnitt.

Fünf Erfolgsstrategien: So knüpfen Sie Kontakte

Um ein Netzwerk aufbauen zu können, müssen Sie erst einmal Gelegenheit haben, Zeit mit Ihren Kollegen oder Ihrem Chef zu verbringen. Die wichtigste Regel fürs Netzwerken lautet deshalb, am richtigen Ort zu sein. Welcher das ist und welche anderen Strategien es gibt, um sich erfolgreich ein eigenes und gut funktionierendes Netzwerk aufzubauen, lesen Sie im Folgenden.

Seien Sie am richtigen Ort

Nehmen Sie jede Gelegenheit wahr, Kollegen und andere interessante Menschen zu treffen:

- Essen Sie mit Kollegen aus Ihrem Team und anderen zu Mittag.
- Fahren Sie mit Kollegen zu Versammlungen.
- Gehen Sie zu Unternehmens- und Abteilungstreffen (Betriebsfei-

ern, Neujahrsempfängen, »Einständen« neuer Kollegen) und Ausflügen, auch wenn Sie nicht müssen.
- Nehmen Sie an Seminaren teil, auch an »offenen« Veranstaltungen, bei denen Sie Teilnehmer aus anderen Unternehmen kennenlernen.
- Besuchen Sie Vorträge, Tagungen und Kongresse und gehen Sie dort auf Referenten und Aussteller zu. Wenn Ihr Unternehmen Sie dafür freistellt – wunderbar. Investieren Sie aber auch selbst in Ihre berufliche Zukunft.
- Engagieren Sie sich in Berufsverbänden und Netzwerken. Schauen Sie auch, was Ihnen das Internet an Vernetzungsmöglichkeiten bietet. Für viele Menschen ist beispielsweise Xing ein einfacher und effektiver Weg, Kontakte zu knüpfen (*www.xing.com*) und sich selbst darzustellen. Gerade für firmenübergreifende Kontakte sind solche Netzwerke ein gutes neues Mittel. Vernachlässigen Sie trotz Cyberspace aber direkte Kontakte nicht. Ist es ein wirklich guter Kontakt, sollten Sie sich immer persönlich treffen oder zumindest miteinander telefonieren.

Nutzen Sie Ihre Gelegenheiten richtig

Machen Sie nicht den Fehler, nur mit Leuten zu reden, die Sie ohnehin schon kennen. Wie wollen Sie so Neues erfahren, sich entwickeln, unvermutete Chancen provozieren und wichtige Informationen, zum Beispiel über die Zukunft des Unternehmens, erhalten? Nehmen Sie Ihren Mut zusammen und sprechen Sie neue Leute an – Vorgesetzte, Kollegen aus anderen Abteilungen, neue Mitarbeiter. Orientieren Sie sich dabei nicht an Rangordnungen oder daran, was Ihnen ein Kontakt wohl »bringen« wird. Was ein Kontakt in der Zukunft nützen könnte, ist kaum vorherzusagen. Achten Sie auf Hinweise, aus denen Sie etwas über die Kultur und Unternehmenspolitik bei Ihrem Arbeitgeber lernen können. Die Erfolgs- und Misserfolgsgeschichten anderer sprechen oft Bände, und der klassische Klatsch und Tratsch ist oft die beste Quelle, um Büropolitik zu verstehen (wobei Sie natürlich nicht den Fehler machen, selbst schlecht über andere zu reden). Ich selbst habe die Erfahrung gemacht, dass es letztendlich doch sehr leicht ist, mit Menschen in Kontakt zu treten, für die man sich interessiert – ganz egal, wo der andere in der beruflichen Hierarchie steht oder wie berühmt er ist. Überlegen Sie sich im Vorfeld nur genau, was Sie von der Person wollen oder was Sie anbieten können. Wenn Sie Ihr Anliegen selbstbewusst und kompetent vortragen, werden sich Ihnen (fast) alle Türen öffnen!

Bringen Sie sich ein, werden Sie aktiv

Sich mal die Hand geschüttelt und Visitenkarten ausgetauscht zu haben ist schön, bringt aber selten einen echten Kontakt. Oft bleibt es bei solchen Eintagsbegegnungen. Mit kurzen Rückmeldungen per Mail, Grußkarten zum neuen Jahr, dem Zusenden eines interessanten Zeitungsartikels oder dem Glückwunsch zu einem beruflichen Erfolg knüpfen Sie das Band fester. Gemeinsame Aktivitäten sind die beste Basis für tragfähige Kontakte. »Gehen Sie (…) allein joggen, nutzt das Ihrem Netzwerk weniger, als wenn Sie einem Laufclub beitreten. Trainieren Sie mit Ihren Vereinskollegen für ein Rennen, dann werden Sie die stärksten Bande zu anderen Läufern knüpfen«, bringen Brian Uzzi und Shannon Dunlap die Sache auf den Punkt (*Networking. So nutzen Sie persönliche Kontakte für Ihre Karriere*, Seite 30). Dabei können Sie »Laufclub« gerne auch durch »Arbeitsgruppe Unternehmensleitbild«, Verband »Frauen im Management« oder »Organisationsteam Personalkongress« ersetzen.

Bewahren Sie den richtigen Abstand

»Keep your friends close and your enemies closer« (Halte deine Freunde nah, aber deine Feinde näher), rät ein amerikanisches Sprichwort. Gute Beziehungen sind wichtig für ein funktionierendes Netzwerk, egal, ob es sich um einen Verbündeten oder einen Wettstreiter handelt, einen Mitarbeiter oder einen Chef. Zu viel Nähe allerdings ist damit nicht gemeint: Ein Netzwerk ist nicht gleichbedeutend mit Kumpanei und Freundschaft. Auf das richtige Maß kommt es an: Duzen Sie sich mit Kollegen und Chefs, oder siezen Sie sich untereinander? Das »Sie« ist ein natürlicher Abstandhalter, der zu viel Vertraulichkeit verhindert. Bei Auseinandersetzungen beugt es verletzenden Ausrutschern vor. Ist man per Du, rutscht einem eher mal ein beleidigendes Wort raus. Seien Sie deshalb vorsichtig mit eigenen Duz-Angeboten. Chefs halten sie sehr wahrscheinlich für schlechtes Benehmen, und manchen Kollegen könnten sie unangenehm sein. In meinem Unternehmen ist das Sie die normale Anrede, das Du findet, wenn überhaupt, eher unter Gleichrangigen statt. Duzen Sie sich mit jemandem aus dem beruflichen Umfeld, sollten Sie zwei Punkte beherzigen: Erstens, seien Sie sich bewusst, dass das Du in erster Linie auf berufliche Nähe und nicht auf persönliche Sympathie zurückzuführen ist. Und zweitens, wenn Sie mit einem Kollegen per Du sind, heißt das nicht, dass Sie automatisch beste Freunde sind. Bewahren Sie einen inneren Abstand.

Auf jeden Fall ist es unangebracht, private Probleme am Arbeitsplatz zu besprechen. Allzu persönliche Dinge gehören hier nicht her. Zum einen schadet es Ihrem Ansehen in der Firma, wenn Sie Kollegen etwas vorheulen. Zum anderen liefern Sie vielleicht ungewollt Stoff für Klatsch und Intrigen. Wie schnell werden im Job aus guten Kollegen plötzlich erbitterte Rivalen! Geht es dann einmal um Ihre persönliche Zukunft im Unternehmen, kann das Wissen um Ihre privaten Probleme (leider) auch gegen Sie verwendet werden.

Seien Sie ein angenehmer Gesprächspartner

Auch wenn man in einem beruflichen Netzwerk mehr Distanz wahrt als bei privaten Freundschaften: Man muss sich schon einigermaßen riechen können, um einen Kontakt auch gerne zu pflegen. Seien Sie also ein angenehmer Zeitgenosse! Konkret heißt das:

Seien Sie ein guter Zuhörer Der Mensch hat zwei Ohren und einen Mund, weil er mehr hören als reden soll, sagt ein dänisches Sprichwort. Lernen Sie, aktiv zuzuhören. Zeigen Sie Ihre Aufmerksamkeit durch bestätigende Gesten und Blickkontakt. Lassen Sie den anderen ausreden.

Interessieren Sie sich für Ihre Mitmenschen: Wenn Sie zu jemandem ein gutes Verhältnis aufbauen möchten, dann zeigen Sie Interesse an dem, was die Person tut. Fragen Sie nach Hobbys, nach Herkunft und Familie und beruflichem Werdegang. Doch Vorsicht! Gehen Sie mit viel Feingefühl vor, damit der andere nicht das Gefühl hat, Sie rücken ihm auf die Pelle.

Informieren Sie sich Wenn Sie Leute auf Ihre Seite bekommen wollen, dann müssen Sie einen positiven Eindruck hinterlassen. Lesen Sie die Mitteilungsblätter und Jahresberichte Ihres Unternehmens, recherchieren Sie im Internet, in Amtsblättern, Fachzeitschriften und Zeitungen, seien Sie über die Neuigkeiten und Trends in der Branche im Bilde. Erkundigen Sie sich nach dem Werdegang des neuen Geschäftsführers. Wenn Sie im Gespräch sagen können »Ich habe von Ihnen gehört, Sie befassen sich doch mit XY, Ihren Artikel fand ich hochinteressant!«, und dann noch in der Lage sind, fachlich ein wenig mitzureden, dann haben Sie schon die ersten Steine im Brett.

Geben Sie ehrliche Anerkennung Lob und Komplimente sind – sofern sie ernst gemeint sind – ein hervorragendes Mittel, jemanden zu motivieren und ihm gleichzeitig eine Freude zu machen. Das wirft natürlich auch ein positives Licht auf Sie als den Lobenden. Anerkennung ist im Beruf leider Mangelware. Heben Sie sich doch einfach mal positiv von der Masse ab. Es spricht vor allem auch für Sie, wenn Sie sich im Gespräch positiv über einen Dritten äußern. Wenn sich diese nette Geste bis zum Chef herumspricht: umso besser!

Merken Sie sich Namen Vielleicht kennen Sie das: Wir kommen mit jemandem ins Gespräch, fragen nach dem Namen, doch Sekunden später haben wir nicht nur den Namen vergessen, sondern fragen uns sogar, ob wir ihn überhaupt schon erfahren haben. Dieses Problem ist so unnötig wie ein Kropf. Sie müssen einfach nur im richtigen Moment daran denken. Vielleicht kleben Sie sich einen Zettel an den Badezimmerspiegel oder auf das Lenkrad Ihres Wagens: »Merke dir Namen!« Bauen Sie sich außerdem Eselsbrücken (»Johanna – wie die Jungfrau von Orleans«, »Jonas – wie der, der vom Wal verschluckt wurde«) und schreiben Sie den Namen danach gleich auf. So ersparen Sie sich peinliche Situationen.

Benutzen Sie Visitenkarten Gehen Sie nicht unvorbereitet zu Firmenessen, Seminaren und anderen Anlässen, sondern nehmen Sie Ihre Visitenkarte mit. Wenn Sie mit jemandem ins Gespräch kommen, fragen Sie ihn nach seiner Karte und halten Ihre bereit. Notieren Sie sich noch am selben Tag auf der Rückseite des Kärtchens einige Stichworte, damit Sie sich später besser an die Person erinnern können.

Halten Sie alle Kontaktdaten schriftlich fest Sammeln Sie alle wichtigen Informationen über Ihren neuen Kontakt zukünftig auf einer Karteikarte oder nutzen Sie eines der gängigen Systeme in Ihrem PC. Je mehr Sie über Ihr Gegenüber wissen, umso eher bieten sich Gelegenheiten, sich einmal wieder zu melden – sei es zum Geburtstag, zum Firmenjubiläum, mit guten Wünschen zum Urlaub oder einer Einladung zur Weinprobe. Man wird Sie als eine sehr aufmerksame Person einschätzen, mit der man gerne zu tun hat.

Wählen Sie den taktisch besten Sitzplatz Wenn Sie zu einem Essen eingeladen sind und es keine feste Sitzordnung gibt, dann setzen Sie sich an die Längsseite des Tisches. Dort können Sie Kontakte zu den meisten Personen knüpfen, nämlich zu den zwei Leuten neben Ihnen und den drei Menschen gegenüber. So weit kann man sich in der Regel noch gut unterhalten, ohne schreien zu müssen. Wieder gilt: Setzen Sie sich am besten zwischen lauter unbekannte Leute. Stellen Sie sich vor mit einer kurzen Bemerkung über Ihre Tätigkeit – und schon haben Sie Gesprächsstoff. Erinnern Sie sich an die Sätze, die Sie sich für den Smalltalk im Aufzug überlegt haben (siehe Seite 178). Sie eignen sich natürlich auch für die Situation bei Tisch oder für jede andere, in der Sie sich kurz vorstellen möchten.

Profitieren Sie von der Erfahrung der Profis

»Einer der häufigsten Fehler der Menschen liegt darin, dass wir glauben, dass unsere begrenzte Wahrnehmungsfähigkeit auch die Grenze dessen ist, was wir erfahren können«, hat der englische Theosoph Charles W. Leadbeater einmal gesagt. Um uns weiterzuentwickeln, zu lernen, Neues zu erfahren, Probleme zu lösen, sind wir auf Anregungen von außen angewiesen. Menschen wachsen an und mit anderen Menschen. Natürlich kommen wir auf manches auch allein und im stillen Kämmerlein, doch mit professionellen Helfern geht es schneller, auch im Job. Bewerbungsexperte Richard Nelson Bolles verdeutlicht diesen Gedanken in seinem Bestseller *Durchstarten zum Traumjob* durch einen ziemlich drastischen Cartoon: Zwei Obdachlose im Rentenalter sitzen nachdenklich auf einer Bank im Park. »Ja, natürlich bin ich stolz darauf, es allein geschafft zu haben, aber um ehrlich zu sein, wenn ich noch einmal von vorn anfangen müsste, würde ich gern ein wenig Hilfe in Anspruch nehmen«, sagt der eine zum anderen. Suchen Sie sich also professionelle Verbündete! Gerade wenn Sie um Ihren Job bangen und alleine nicht mehr weiterkommen, empfehle ich Ihnen, diesen Weg zu gehen. Wer Sie unterstützen kann und was die verschiedenen Formen voneinander unterscheidet, erfahren Sie in diesem Abschnitt.

Der Coach – ein professioneller Partner

Max Müller glaubte sich am Ziel seiner Träume: Die XY-GmbH, ein mittelständisches Traditionsunternehmen und Marktführer, hatte ihn als Vertriebsleiter geholt. Headhunter waren auf ihn aufmerksam geworden, weil er bei einem Start-up-Unternehmen die Umsätze beträchtlich gesteigert hatte. Diese junge Firma stand monatelang kurz vor der Pleite, Müller hatte Leute entlassen und mit harten Bandagen kämpfen müssen. Jetzt sollte alles besser und einfacher werden. Doch nur zwei Monate nach Stellenantritt war dieser Optimismus verflogen. Müller hatte das Gefühl, vom Regen in die Traufe gekommen zu sein. Zwar stimmten die Zahlen, aber seine Mitarbeiter gingen mehr und mehr auf Distanz. Sie missachteten seine Vorschläge und Anweisungen, und auf jeden Änderungsvorschlag hörte er nur: »Das haben wir noch nie so gemacht!« Am schlimmsten war es mit den Mitarbeiterinnen im Vertriebsinnendienst: Inzwischen hatte er den Eindruck, sie gingen ihm systematisch aus dem Weg. Kürzlich war eine von ihnen in Tränen ausgebrochen und hatte ihn angeherrscht, mit ihm »könne man einfach nicht arbeiten«. Dabei war Müller überhaupt nicht klar, was er falsch machte. Inzwischen erkundigte sich sogar der Geschäftsführer schon besorgt, »wie er denn klarkomme«. Des Rätsels Lösung fand Max Müller gemeinsam mit einem Coach. Nach wenigen Sitzungen wurde ihm bewusst, dass er in seinem Elan die Unternehmenskultur beim neuen Arbeitgeber völlig ignoriert hatte. Beim Traditionsunternehmen verstand man sich als »große Familie« und legte Wert auf einen sehr persönlichen, freundlichen Umgang. Müller hatte einfach sein Programm von früher – kurz, bündig, effizient – beibehalten und galt dadurch als »kalt« und »herrisch«. Gemeinsam mit seinem Coach erarbeitete er Maßnahmen, dieses Bild zu korrigieren und mehr auf seine Mitarbeiter einzugehen.

Was ist »Coaching«?

»Coaching« ist ein Begriff aus dem Sport und bedeutet »Training«. Ein Coach trainiert Sportler, um sie zu besseren Leistungen zu führen. Dieses Ziel verfolgt auch ein Jobcoach, nur geht es eben nicht darum, schneller zu laufen oder zu schwimmen, sondern am Arbeitsplatz erfolgreicher zu sein und ihn in Krisenzeiten zu sichern. Ein professioneller Coach hilft Ihnen, Ihre Situation klarer zu sehen, eigene Verhaltensweisen zu reflektieren und Handlungsmöglichkeiten durchzuspielen. Er entwirrt auch gemeinsam mit Ihnen Probleme, wie im Fallbeispiel oben. (In unserem Hause heißt diese Dienstleistung Life-Coaching: *www.life-coaching365.de*.) Gerade, wenn in Ihrer Firma Arbeitsplätze auf dem Spiel stehen, ist die Beratung durch einen persönlichen Coach sinnvoll. Seine Außenperspektive ermöglicht es ihm, etwas Ruhe in Ihre Situation zu bringen, gemeinsam mit Ihnen einen Schritt zurückzutreten und das Gesamtbild zu sehen. Wo sind Ihre Möglichkeiten, das Blatt zu wenden und eine mögliche Kündigung zu verhindern? Gibt es Aspekte, zum Beispiel andere Einsatzgebiete in der Firma, an die Sie gar nicht gedacht haben? Wenn Ihr Coach das leistet, haben Sie eine gute Wahl getroffen.

Ursprünglich leisteten sich vor allem Top-Manager einen Coach – auch deshalb, weil es in ihrer Umgebung kaum noch jemanden gibt, mit dem sie offen reden können. Heute ist Coaching eine weitverbreitete Dienstleistung, die qualifizierte Mitarbeiter aller Hierarchiestufen in Anspruch nehmen. Und was anfangs von manchen Zeitgenossen noch argwöhnisch belächelt wurde, gilt inzwischen als Merkmal von Professionalität, als kluge Investition in den eigenen Berufserfolg und die Jobsicherung. Was also kann ein guter Coach leisten? Ein Coach

- stärkt Ihre Fähigkeit zur Selbstreflexion,
- schärft Ihren Blick für erfolgreiche (konstruktive) und hinderliche (destruktive) eigene Verhaltensmuster,
- hilft Ihnen, Ihre Stärken zu identifizieren und berufliche Ziele zu konkretisieren,
- gibt Ihnen unvoreingenommen Feedback (Selbstbild/Fremdbild-Abgleich),
- fordert Sie heraus, sich Ihren Ängsten zu stellen,
- analysiert Probleme mit Ihnen und lotet Ihre Jobsituation aus (gegebenenfalls auch vor dem Hintergrund Ihrer privaten Situation),
- erarbeitet gemeinsam mit Ihnen Handlungsalternativen,
- spielt heikle Situationen mit Ihnen durch,
- begleitet Sie durch Krisen,
- ermutigt und stärkt Sie in Veränderungsprozessen,
- gibt Ihnen Hinweise für eine bessere Außenwirkung und Vernetzung.

Der Coach ist der zweite Mann oder die zweite Frau an Ihrer Seite. Er unterstützt Sie dabei, Ihr volles Potenzial zu entfalten. Coaching ist ein Engagement auf Zeit, das (je nach Situation und Anliegen) von einer Handvoll Sitzungen bis zu einer mehrmonatigen Begleitung dauern kann.

Wie finden Sie den richtigen Coach?

Der Markt für Coaching boomt, und der Begriff »Coach« ist nicht geschützt. Bevor Sie sich für einen Berater entscheiden und Geld in die Hand nehmen, sollten Sie sich daher gründlich informieren. Die folgende Checkliste hilft Ihnen dabei.

Checkliste: Coaching

Ein guter Coach	Trifft zu	Trifft nicht zu
verfügt sowohl über Berufspraxis in der Wirtschaft als auch über psychologische Zusatzausbildungen und Beratungserfahrung.		
führt mit Ihnen ein kostenloses Vorgespräch, in dem er Ihr Anliegen erfragt und seine Methoden erläutert.		
legt seinen Hintergrund (Aus- und Weiterbildung, Berufs- und Lebenserfahrung) bereitwillig offen.		
überschätzt sich nicht, indem er behauptet, jedes Problem lösen zu können.		
kann Ihnen nachvollziehbar erläutern, wie er mit Ihnen arbeiten wird (werden Sie misstrauisch, wenn der Coach Ihnen auf entsprechende Fragen ausweicht und behauptet, die Wirkung von Coaching ließe sich nicht beschreiben!).		
erstellt Ihnen im Anschluss an das Vorgespräch ein Angebot, aus dem inhaltliche Ziele, Methoden und Vorgehensweisen sowie zeitlicher Aufwand und Kosten hervorgehen. Seriöse Coaches berechnen dabei ein Stundenhonorar von 80 bis 150 Euro, gefragte Berater von Topmanagern auch ein Vielfaches dieser Summe.		

Service: Sie können die Checkliste auf der Webseite zu diesem Buch (*www.sobehaltensieihrenjob.de*) kostenlos herunterladen, ausdrucken und ausfüllen!

Mit dieser Checkliste trennen Sie rasch die Spreu vom Weizen. Persönliche Sympathie und Vertrauen sind außerdem wichtig – was nicht heißt, dass Ihr Coach zum Ersatzfreund wird. Im Gegenteil: Er sollte Distanz wahren und Ihnen unvoreingenommen den Spiegel vorhalten. Das tut er vor allem, indem er gut zuhört und die richtigen Fragen stellt. Wenn er sich dann noch mit Unternehmensstrukturen und Arbeitsprozessen auskennt, haben Sie »Ihren« Coach gefunden. Gelegentlich rät auch der Arbeitgeber zu einem Coaching und übernimmt sogar die Kosten dafür. Der Nachteil: Wer die Musik bestellt, bestimmt im Allgemeinen auch, was gespielt wird. Sie können bei diesem Arrangement nicht sicher sein, ob Ihr Coach Sie neutral berät oder als verlängerter Arm Ihres Chefs handelt. Auch väterlich-autoritäre Coaches bringen Sie als Klienten in eine unglückliche Situation. Sie brauchen niemanden, der Ihnen zeigt, »wo es langgeht«, sondern einen kompetenten Zuhörer, der Ihnen hilft, Ihren eigenen Weg zu gehen!

Der Mentor – ein erfahrener Ratgeber

»Mentor« heißt in der Odyssee der väterliche Freund, dem Odysseus die Erziehung seines Sohnes Telemachos anvertraut, während er selbst zu seinen gefahrvollen Reisen aufbricht. Heute versteht man unter einem Mentor einen erfahrenen Ratgeber, der eine Nachwuchskraft wohlwollend begleitet. Während der Coach ein professionell ausgebildeter Berater ist, teilt der Mentor sein praktisches Erfahrungswissen mit seinem »Mentee«. Manche Unternehmen stellen neuen Mitarbeitern einen solchen Paten zur Seite, der in der Hierarchie mindestens zwei Stufen über dem Geförderten stehen sollte und nicht aus seiner Führungslinie kommt. Ihr Chef kommt also nicht infrage, ebenso wenig der Boss von Ihrem Boss: Das würde zu Interessenkonflikten führen.

Was bringt »Mentoring«?

Die Themen, die Mentor und Mentee in regelmäßigen Treffen (etwa alle vier bis sechs Wochen) besprechen, sind ganz ähnlich wie die beim Coaching. Auf der Tagesordnung können beispielsweise stehen:

- das Besprechen von schwierigen Situationen im Job (zum Beispiel: »Warum gibt es immer wieder Konflikte mit Herrn X?«);
- das Durchdenken von Handlungsmöglichkeiten (zum Beispiel: »Was kann ich tun, um Y zu erreichen?«, »Wie verhalte ich mich in der Situation Z am besten?«);
- die Reflektion eigener Verhaltensweisen (zum Beispiel: »Wie gehe ich bislang mit Kritik um? Was möchte ich daran ändern?«);
- die Einweihung in »Spielregeln« und Strukturen am Arbeitsplatz (zum Beispiel: »Wie bekomme ich im Abteilungsmeeting ein wichtiges Anliegen durch?«);
- die Hilfestellung bei der Entwicklung von beruflichen Zielen (zum Beispiel: »Was möchte ich in den nächsten drei Jahren erreichen?«);
- das Verhalten, wenn der Arbeitsplatz konkret gefährdet ist (zum Beispiel: »Die Werbeabteilung soll aufgelöst werden, und die Arbeit soll zukünftig von einer externen Agentur erledigt werden. Wo kann ich mit meinen Fähigkeiten und Qualitäten in der Firma sonst noch eingesetzt werden?«);
- Unterstützung beim Aufbau eines Netzwerks (zum Beispiel: »Wen sollte ich als Verbündeten im Unternehmen gewinnen?«).

Während ein Coach Sie neutral und möglichst auf Augenhöhe beraten sollte, ist ein Mentor im besten Fall ein väterlicher Freund und ein gutes Vorbild, zu dem Sie angesichts seines Vorsprungs an Erfahrung und Lebensjahren ein wenig aufschauen – wie sehr, hängt natürlich von der jeweiligen Person und auch von Ihnen ab.

Wie finden Sie einen Mentor?

Wenn es in Ihrem Unternehmen ein Mentoring-Programm gibt, ist die Sache einfach, denn man wird Ihnen einen Mentor vorschlagen. Große Unternehmen organisieren manchmal auch firmenübergreifende »Cross-Mentoring«-Programme, in denen erfahrene Kräfte des einen Unternehmens Nachwuchskräfte des anderen beraten. Beauftragte der verschiedenen Firmen schauen, wer zu wem passen könnte, und bilden entsprechende Tandems. Solche Mentoring-Programme werden in der Regel von Auftaktveranstaltungen, gelegentlichen Treffen aller Programmteilnehmer und Seminaren begleitet.

Jenseits solcher Programme können Sie sich selbst auf Mentorensuche machen. Eine rührige, moderne Personalabteilung unterstützt Sie vielleicht; oder Sie fassen sich ein Herz und sprechen einen erfahrenen Manager in Ihrem Haus an, der Sie durch seine Erfolge beeindruckt. Das wird Ihnen natürlich leichter fallen, wenn Sie am Rande von Firmenveranstaltungen schon einmal zwanglos ins Gespräch gekommen sind. Eine andere Möglichkeit: Sie überlegen, wen Sie außerhalb Ihrer Firma kennen, der als Mentor infrage kommt. Vielleicht singen Sie im Kirchenchor mit einem erfahrenen Senior-Manager? Oder Sie haben bei einem Seminar jemanden kennengelernt, von dessen Erfahrungen Sie profitieren können? Wenn Sie zögern, jemanden um diesen »Gefallen« zu bitten, machen Sie sich klar: Nicht nur Sie, auch der Mentor profitiert von dieser Zusammenarbeit. Die Gespräche mit jemandem von der Basis erschließen neue Themen und regen dazu an, eigene Positionen zu hinterfragen. Viele Menschen spenden zudem gerne Rat, weil sie das in ihrer eigenen Kompetenz bestätigt und ihr Selbstwertgefühl stärkt. Hier findet sich auch der Netzwerkgedanke des Gebens und Nehmens wieder. Ein guter Mentor sollte mitbringen:

- Berufs- und Lebenserfahrung,
- eine erfolgreiche Laufbahn,
- persönliche Integrität,
- Offenheit und Interesse für jüngere Menschen,
- Selbstreflexion (Bewusstsein eigener Stärken und Schwächen, Versöhntsein mit dem eigenen Weg, Erfolgen wie Misserfolgen),
- Toleranz (gegenüber anderen Sichtweisen) und
- Geduld.

Vielleicht kennen Sie jemanden, bei dem Sie das Gefühl haben, dass er in sich ruht, mit sich im Reinen ist. Wenn dieser Mensch mit beiden Beinen im Leben steht und beruflich einiges erreicht hat, haben Sie einen idealen Mentor gefunden.

Das Erfolgsteam – ein Zirkel des Ansporns

Die Idee der »Erfolgsteams« stammt wie viele Erfolgskonzepte aus den USA. Die Grundidee ist, dass es gemeinsam leichter fällt, sich Ziele zu setzen und diese auch zu erreichen – in einem Team von vier bis sechs motivierten Menschen, die sich regelmäßig treffen, um Fortschritte und Probleme zu besprechen. Die Autorin Barbara Sher hat diesen Gedanken in ihrem Buch *Wishcraft* entwickelt; Ulrike Bergmann hat die Idee in Deutschland durch ihr Buch *Erfolgsteams* bekannt gemacht.

Was zeichnet ein Erfolgsteam aus?

In einem Satz gesagt: klare Aufgabenstellungen und disziplinierte Zusammenarbeit. Jedes Teammitglied findet für sich ein klares Ziel, das es in einem festgesetzten Zeitraum erreichen möchte (wobei die Zielfindung bereits im Team geschehen kann). Die Treffen (alle zwei oder drei Wochen) haben eine klare Tagesordnung: Jeder berichtet zunächst kurz vom aktuellen Stand der Dinge, anschließend bringt jeder reihum sein Thema ein, für das 15 bis 20 Minuten reserviert sind. Zum Abschluss verpflichtet man sich zu »Hausaufgaben«, die man bis zum nächsten Treffen erledigen will. Dabei achten alle auf Zeitdisziplin und einen respektvollen Umgang miteinander.

Sie merken: So ein Erfolgsteam ist eine prima Möglichkeit, seinen inneren Schweinehund an die Kette zu legen. Die anderen spornen an und ermutigen, und das Wissen, in wenigen Tagen Farbe bekennen zu müssen, wenn man seine Hausaufgaben nicht gemacht hat, setzt ungeahnte Kräfte frei. Dabei kommt es gar nicht darauf an, dass die Mitglieder des Erfolgsteams aus der gleichen Branche oder demselben Berufsfeld stammen – im Gegenteil: Von außen sieht man manche Dinge sogar klarer, und ein bunt gemischtes Team befruchtet die Diskussion. Auch in beruflich existenziellen Situationen kann das Erfolgsteam eine gute Unterstützung bieten. Stellen Sie sich vor, Ihre Firma befindet sich beispielsweise gerade in einer wirtschaftlich schwierigen Lage, weil die Kunden wegbleiben und der Umsatz bedrohlich zurückgeht. Die Stellen in der Produktion, unter anderem auch Ihre, stehen auf dem Prüfstand. In diesem Fall kann die Erhaltung Ihres Jobs innerhalb eines Zeitraums von sechs Monaten konkret ein Ziel sein, das Sie sich setzen – natürlich mit entsprechenden Nahzielen, die Ihr Vorhaben unterstützen. Das Ziel wird immer so formuliert, als sei es schon erreicht, zum Beispiel: »Am 30. Dezember 20XX bin ich immer noch in der Firma XY beschäftigt. Um das zu erreichen, habe ich folgende drei Nahziele verwirklicht. Erstens ..., zweitens ..., drittens ...«

Wie finden Sie ein Erfolgsteam?

Ganz einfach: Gründen Sie selbst eines! Fragen Sie im Bekanntenkreis herum, überlegen Sie, wen Sie auf Seminaren kennengelernt haben oder wer sonst noch infrage kommen könnte. Alte Freunde, die Sie schon ewig kennen und die deshalb ein vorgefasstes Bild von Ihnen haben, sind weniger geeignet. Auch Kollegen aus der gleichen Firma sind nicht ideal, weil Sie dann womöglich nicht völlig offen reden können.

Aktionsplan: So finde ich Verbündete

Wo will ich hin? (Meine berufliche Vision/mein Zielfoto)			
___			
___			

Habe ich dafür die richtigen Kontakte?	Ja ☐	Teilweise ☐	Nein ☐

Was will ich verändern?
Bitte ausfüllen und Termine setzen!

Bestandsaufnahme: Zu wem habe ich gute Verbindungen?	in meiner Abteilung
	___
	___
	in anderen Abteilungen
	___
	___
	in anderen Unternehmen
	___
	___
	in anderen Branchen
	___
	___
	sonstige (Freizeit und Freundeskreis, Familie)
	___
	___

Durchschaue ich die Strukturen und Machtverhältnisse im Unternehmen? (Wie sieht das »Pyramidenmodell« meiner Abteilung auf Seite 203 aus?)	Ja ☐	Teilweise ☐	Nein ☐
	Wenn »Nein« oder nur »Teilweise«: Was kann ich tun, um besser durchzublicken?		
	In Meetings genauer beobachten		☐
	Bei Gesprächen unter Kollegen genauer hinhören		☐
	Einen »alten Hasen« fragen, dem ich vertraue		☐
	Ein Buch über Spielregeln im Job lesen (z. B. Lürssen, *Die heimlichen Spielregeln der Karriere*)		☐
	___		☐

Wer kann mir beim Erreichen meiner Ziele besonders hilfreich sein?			
Welche Kontakte fehlen mir noch?			
Wie kann ich diese Kontakte herstellen?	**Maßnahme**		**Bis wann?**
	Meine Mittagspause anders verbringen, und zwar	☐	
	Auf firmeninternen Veranstaltungen Kontakte knüpfen	☐	
	Gezielt Seminare und Weiterbildungen besuchen, und zwar	☐	
	Vorträge und Kongresse besuchen, und zwar	☐	
	Einem Berufsverband oder Netzwerk beitreten, und zwar	☐	
Möchte ich mich gerne von einem Coach unterstützen lassen?	Ja ☐		Nein ☐
Wenn ja:	Welche Fragestellung würde ich gerne mit einem Coach klären?		
	Habe ich die finanziellen Mittel, um mir mindestens sechs bis acht Gespräche zu leisten?	Ja ☐	Nein ☐

	Wenn ja: Wer könnte mir einen guten Coach empfehlen?		
	Bis wann will ich Kontakt aufnehmen und ein kostenloses Vorgespräch vereinbaren?		
Möchte ich lieber mit einem Mentor zusammenarbeiten?	Ja ☐	Nein ☐	
Wenn ja:	Bei welchen Fragen erhoffe ich mir von einem Mentor Hilfestellung?		
	Wer käme als Mentor für mich infrage?		
	Wer könnte mir einen Mentor empfehlen?		
	Bis wann will ich Kontakt aufnehmen und ein Kennenlerngespräch vereinbaren?		
Möchte ich lieber in einer Gruppe an meinen Zielen arbeiten (Erfolgsteam)?	Ja ☐	Nein ☐	
Wenn ja :	Auf welches Ziel will ich mit dem Erfolgsteam hinarbeiten?		
	1. Könnte ich mir vorstellen, selbst ein Erfolgsteam zu gründen?	Ja ☐	Nein ☐
	2. Möchte ich lieber in einer privat organisierten Gruppe mitarbeiten?	Ja ☐	Nein ☐
	3. Ist mir eine durch einen Coach oder Berater begleitete (kostenpflichtige) Gruppe am liebsten?	Ja ☐	Nein ☐
	Wann werde ich mit den Recherchen für 1., 2. oder 3. beginnen?		

Service: Sie können das Arbeitsblatt auf der Webseite zu diesem Buch (*www.sobehalten sieihrenjob.de*) kostenlos herunterladen, ausdrucken und ausfüllen!

Geben Sie im Notfall lieber eine Anzeige im Stadtmagazin auf. Wenn Sie nicht selbst die Initiative ergreifen möchten, schauen Sie sich auf dem Beratungs- und Weiterbildungsmarkt um, wer die Bildung von Erfolgsteams unter professioneller Leitung anbietet.

Aktionsplan: Verbündete finden

Belassen Sie es nicht bei guten Vorsätzen: Gehen Sie die Suche nach Verbündeten gezielt und planvoll an. Wenn es um die Sicherung Ihres Jobs geht, können Sie gar nicht genug Unterstützung haben. Wie im Kapitel zur Selbst-PR hilft Ihnen auch hier ein Aktionsplan (ab Seite 222).

Auf einen Blick

- Für Ihren beruflichen Erfolg und die Sicherung Ihres Jobs zählt nicht nur, was Sie können, sondern auch, wen Sie kennen. Knüpfen Sie gezielt Kontakte!
- Ein berufliches Netzwerk lebt vom Geben und Nehmen – bieten Sie Nutzen und ernten Sie Nutzen.
- Schärfen Sie Ihren Blick für Macht und Einfluss: Machen Sie sich bewusst, wer in Ihrer Umgebung die Spielregeln mitbestimmt, wer eher durchsetzungsschwach und wer ohne jeden Einfluss ist.
- Überlassen Sie Ihr Netzwerk nicht dem Zufall, sondern wenden Sie bewährte Erfolgsstrategien für das Knüpfen von Verbindungen an – von Ihrer Anwesenheit an »richtigen Orten« bis hin zu Aktivitäten, bei denen Sie interessante Menschen näher kennenlernen können.
- Prüfen Sie, was professionelle Verbündete – ein Coach, ein Mentor oder ein Erfolgsteam – für Sie tun können und welche dieser Möglichkeiten am besten zu Ihnen passt.

Am Ziel: Sie sind unkündbar.
Jeden Tag ein bisschen besser –
Erfolgsstrategien, die unentbehrlich machen

Zuerst einmal herzlichen Glückwunsch! Wenn Sie das Buch bis zum Schluss durchgearbeitet haben, wissen Sie, was zu tun ist, damit Sie auch in wirtschaftlichen Krisenzeiten nicht mehr um Ihren Arbeitsplatz bangen müssen. »Jeden Tag ein bisschen besser« – das könnte auch als Überschrift über den sieben Jobsicherungsstrategien stehen, die ich Ihnen vorgestellt habe. Sie werden gemerkt haben, dass es mir dabei nicht um planlose »Schnellschüsse« geht, nach dem Motto: Eine kleine Veränderung hier und eine kleine Korrektur da, und schon haben Sie Ihr Ziel – die Unkündbarkeit – erreicht. Alle sieben Strategien greifen ineinander und setzen auf Langfristigkeit und Nachhaltigkeit. Manches werden Sie schon gewusst und im Berufsleben richtig umgesetzt haben, anderes müssen Sie nun angehen und konsequent umsetzen. Hier folgt noch einmal eine Auflistung der wichtigsten Erfolgsstrategien. Wenn Sie Ihren Arbeitsplatz sichern und zum Juwel Ihres Betriebs werden möchten, sollten Sie diese Erfolgsstrategien unbedingt anwenden – gleich heute!

- Es geht nie darum, andere auszustechen. Sie sichern Ihren Arbeitsplatz auf rechtmäßige Weise, durch ehrliche gute Arbeit.
- Suchen Sie Herausforderungen. Verlassen Sie Ihre Komfortzone, kommen Sie in die Wachstumszone, wo Sie produktiv sein können.
- Erkennen und eliminieren Sie innere Blockaden, bekämpfen Sie Ihren inneren Schweinehund.
- Arbeiten Sie an einer positiven Einstellung. Finden Sie Ihren Flow-Kanal – den richtigen Mittelweg zwischen Überlastung und Langeweile – und sorgen Sie dafür, dass sich ein möglichst großer Teil Ihres Arbeitsalltags genau dort abspielt.
- Seien Sie sich bewusst, was einen A-Mitarbeiter ausmacht, und arbeiten Sie daran, selbst zum A-Mitarbeiter zu werden.
- Betrachten Sie Ihren Chef als Ihren wichtigsten Kunden und überraschen Sie ihn immer wieder positiv.
- Lernen Sie die Erwartungen Ihres Chefs kennen, finden Sie heraus, wo er Schwierigkeiten hat, und werden Sie zu seinem wichtigsten Problemlöser.
- Denken Sie daran: Ihre Stärken sind fix, Ihre Situation aber lässt sich so verändern, dass sie zu Ihren Stärken passt.
- Seien Sie sich Ihrer persönlichen Stärken bewusst. Konzentrieren Sie sich auf Ihre Stärken, anstatt Ihre Energie einseitig dafür zu verwenden, Schwächen zu bekämpfen.
- Ändern Sie die Dinge in Ihrem Job, die Sie tagtäglich stören, die Ihren Erfolg hemmen oder sogar Ihre Position gefährden. Sonst können Sie sich nicht voll entfalten.
- Sorgen Sie dafür, dass Sie die fünf wichtigsten Ja zu Ihrem Job haben: das Ja Ihres Chefs, das Ihrer Kunden, das Ihrer Kollegen, das Ihres Partners und schließlich Ihr eigenes.
- Formulieren Sie messbare und machbare Ziele, die Sie Ihrem Traumberuf näher bringen, und halten Sie diese Ziele schriftlich fest. Bleiben Sie dabei nicht unter Ihren Möglichkeiten, sondern setzen Sie sich Ziele, für die es sich wirklich zu kämpfen lohnt. Denken Sie daran: Oft ist Ihr »Traumberuf« genau der Job, den Sie haben!

- Behalten Sie das Zielfoto Ihres Traumjobs klar im Blick, damit es Sie jeden Tag aufs Neue motiviert.
- Kümmern Sie sich um alle Planungshorizonte: sieben Jahre – ein Jahr – Quartal – Woche – Tag.
- Gute Arbeit zu leisten ist wichtig, doch für berufliches Fortkommen spielen auch gute Kontakte und gute Selbstdarstellung eine entscheidende Rolle.
- Fallen Sie positiv auf, indem Sie die Benimmregeln, die in diesem Buch beschrieben wurden, beherzigen. Auch Ihre Kleidung und Ihr Büro sollten für Sie sprechen.
- Nutzen Sie die »Bühnen«, die der Unternehmensalltag für Sie bereithält (Meetings, Präsentationen, Hauszeitschrift, Ihr Auftreten am Telefon), gezielt für gute Selbst-PR.
- Bauen Sie sich ein Netzwerk auf. Es verschafft Ihnen nützliche Informationen und sichert Ihren Job.
- Überlegen Sie sich, mit wem Sie sich verbünden können, um gemeinsam an Ihrem beruflichen Erfolg und der Sicherung Ihres Jobs zu arbeiten. Dafür bietet sich zum Beispiel ein Erfolgsteam an.
- Lassen Sie sich coachen. Ein Coach bietet Ihnen professionelle Unterstützung auf dem Weg nach oben. Auch ein Mentor kann Ihnen wichtige Anstöße und Tipps geben.

Das sind meine wichtigsten Erfolgstipps, mit denen Sie dieses Buch ausführlich vertraut gemacht hat. Doch Wissen alleine reicht nicht – entscheidend ist die Umsetzung. Die Tipps in diesem Buch umzusetzen heißt, sie zu leben. Die Verhaltensweisen und Strategien müssen Ihnen derart in Fleisch und Blut übergehen, dass Sie gar nicht mehr anders können, als danach zu handeln. Sie erreichen also nicht von heute auf morgen den Punkt, wo Sie sagen können: »Jetzt habe ich es geschafft, ich bin für meinen Chef unentbehrlich.« Was Sie aber sofort erreichen können, ist der Punkt, an dem Sie sagen: »Jetzt weiß ich genau, wie ich mich jeden Tag verhalten und aufs Neue anstrengen muss, damit ich das funkelnde Juwel des Betriebs sein kann.« Das ist ein guter Anfang für eine langfristige Jobsicherungsstrategie!

Vertrag mit sich selbst

Ein sehr hilfreiches Mittel bei der Umsetzung von Zielen ist, einen Vertrag mit sich selbst abzuschließen. Ich habe hier für Sie noch einmal die wichtigsten Erkenntnisse aus diesem Buch in einem solchen Vertrag zusammengefasst.

> Um meinen Arbeitsplatz zu sichern und fortan als Juwel meines Betriebs zu funkeln, will ich täglich
>
> - mit größter Entschlossenheit meinen inneren Schweinehund bekämpfen,
> - die Dinge aus Sicht meines Chefs betrachten und mich fragen, wie ich sein Leben einfacher machen kann,
> - mir meiner persönlichen Stärken bewusst sein und danach handeln,
> - mir Ziele setzen, die mich meiner Jobvision Stück für Stück näher bringen,
> - täglich »meinen roten Overall anziehen« und versuchen, immer ein Stück besser zu arbeiten als alle anderen, und
> - mein Netzwerk pflegen und erweitern.
>
> _____
>
> (Datum, Unterschrift)

Service: Sie können den Vertrag auf der Webseite zu diesem Buch (*www.sobehaltensieihrenjob.de*) kostenlos herunterladen, ausdrucken und ausfüllen!

Seinen Arbeitsplatz zu sichern ist vergleichbar mit dem Rudern gegen den Strom: Hört man einmal auf, wird man sofort dahin zurückgetrieben, wo man angefangen hat. Damit Ihnen das nicht passiert, biete ich Ihnen diesen Vertrag an. Unterschreiben Sie den Vertrag und hängen Sie das Papier an eine Stelle, an der Sie es jeden Morgen, bevor Sie mit der Arbeit beginnen, sehen. Wenn Sie diesen Vertrag einhalten, werden Sie schon bald Veränderungen spüren. Ich wünsche Ihnen von Herzen, dass Sie zukünftig an Ihrem Arbeitsplatz glänzen. Allerdings: Die Erfüllung im Beruf ist nicht alles. Wenn es mal nicht so klappt, denken Sie daran, Leben umfasst mehr. Letztlich geht es um Ihre Herzenseinstellung. Jeder Job ist manchmal langweilig, deswegen ist aber noch nicht alles schlecht. Auch ein Chef kann einmal einen schlechten Tag haben, das hat dann nichts mit Ihnen zu tun. Auch ich habe einige Chefs über mir, und nicht alle sind einfach. Trotzdem stehe ich morgens fröhlich auf, weil ich weiß, ich habe nicht nur meine Berufung gefunden, sondern auch erkannt. Vieles lässt sich nicht aus sich selbst heraus produzieren. Es braucht eine andere Kraftquelle, zum Beispiel eine aktive Gottesbeziehung, die hilft, Energien für die verschiedenen Lebensbereiche freizusetzen.

Und denken Sie daran: »An der Spitze ist noch viel Platz!«

Alle Tests, Checklisten, Workshops und Aktionspläne auf einen Blick

Test: In welcher Zone leben Sie zurzeit? 22
Checkliste: Innere Blockaden erkennen 26
Aktionsplan: So bekommen Sie mehr Flow in Ihr Leben! . . 41
Test: Sind Sie ein A-, B- oder C-Mitarbeiter? 52
Checkliste: Erfüllen Sie die 13 wichtigsten Erwartungen
    Ihres Chefs? 57
Aktionsplan: Zum Problemlöser werden 65
Feedback-Bogen 75
Workshop: Erworbene Kompetenzen 87
Workshop: Motivationsfaktoren 90
Workshop: Meine Persönlichkeit (D-I-S-G) 95
Workshop: Wertecheck 103
Workshop: Mein persönlicher Jobwunschzettel 108
Übersicht: Persönliches Stärkenprofil 109
Übersicht: Jobanalyse und Aufgabenbschreibung 117
Test: Meine Arbeitszufriedenheit 120
Test: Meine Arbeitsqualität 122
Checkliste: Meine Unterstützer 126
Übersicht: Meine äußere Situation 128
Test: Ziel oder nur Wunsch? 136
Workshop: Ich erstelle ein Zielfoto meines Traumjobs 142
Checkliste: Was hindert mich? 144
Aktionsplan: Meine berufliche Zukunft in
    7-Jahres-Schritten 148
Test: Wie ansprechend ist Ihr Büro? 171

Aktionsplan: Ihre PR-Strategie 185
Test: Wie gut ist mein Verhältnis zu Kollegen? 199
Die Rollenverteilung in Ihrer Abteilung 203
Checkliste: Coaching 216
Aktionsplan: So finde ich Verbündete 222
Vertrag mit sich selbst 229

Literatur

Bergmann, Ulrike, *Erfolgsteams. Der ungewöhnliche Weg, berufliche und private Ziele zu erreichen*, Offenbach 2005.

Bolles, Richard Nelson, *Durchstarten zum Traumjob. Das ultimative Handbuch für Ein-, Um- und Aufsteiger*, Frankfurt/New York 2009.

Buckingham, Marcus/Clifton, Donald O., *Entdecken Sie Ihre Stärken jetzt!Das Gallup-Prinzip für individuelle Entwicklung und erfolgreiche Führung*, Frankfurt/New York 2007.

Canfield, Jack/Hansen, Mark Victor, *Hühnersuppe für die Seele. Geschichten, die das Herz erwärmen*, München 2008.

Csikszentmihalyi, Mihaly, *Flow. Das Geheimnis des Glücks*, Stuttgart 2008.

Csikszentmihalyi, Mihaly, *Das Flow-Erlebnis. Jenseits von Angst und Langeweile: im Tun aufgehen*, Stuttgart 2008.

Donders, Paul Ch., *Kreative Lebensplanung. Entdecke deine Berufung. Entwickle dein Potential – beruflich und privat*, Asslar 2005.

Gay, Friedbert, *Das persolog® Persönlichkeits-Profil. Persönliche Stärke ist kein Zufall*, Offenbach 2004.

Gulder, Angelika, *Finde den Job, der dich glücklich macht. Von der Berufung zum Beruf*. Frankfurt/New York 2007.

Knoblauch, Jörg, *Dem Leben Richtung geben. In drei Schritten zu einer selbstbestimmten Zukunft*, Frankfurt/New York 2007.

Knoblauch, Jörg, *www.ziele.de. Wie Sie Schritt für Schritt Ihre Ziele erreichen*, Offenbach 2005.

Lürssen, Jürgen, *Die heimlichen Spielregeln der Karriere. Wie Sie die ungeschriebenen Gesetze am Arbeitsplatz für Ihren Erfolg nutzen*, Frankfurt/New York 2006.

Peter, Laurence J./Hull, Raymond, *Das Peter-Prinzip oder Die Hierarchie der Unfähigen*, Reinbek bei Hamburg 2001.

Sher, Barbara, *Wishcraft. Lebensträume und Berufsziele entdecken und verwirklichen*, Osnabrück 2004.

Swindoll, Charles, *Das Geheimnis vom Leben, Lieben und Lachen. Ängste abbauen – Sorgen abgeben – Inneren Frieden finden*, Neuhausen-Stuttgart 1993.

Uzzi, Brian/Dunlap, Shannon, »Networking. So nutzen Sie persönliche Kontakte für Ihre Karriere«, in: *Harvard Business Manager*, erw. dt. Ausgabe Mai 2006.

Weidner, Jens, *Die Peperoni-Strategie: So setzen Sie Ihre natürliche Aggression konstruktiv ein*, Frankfurt/New York 2007.

Wilkinson, Bruce, *Das Gebet des Jabez. Durchbruch zu einem gesegneten Leben*, Asslar 2002.

Ziglar, Zig, *Der totale Verkaufserfolg: Die Geheimnisse des erfolgreichen Geschäftsabschlusses*, Zürich 2006.

Wir haben uns bemüht, die Rechteinhaber sämtlicher abgedruckten Texte zu ermitteln. Sollte es uns im Einzelfall nicht gelungen sein, bitten wir den Rechteinhaber, sich beim Verlag zu melden: Campus Verlag GmbH, Kurfürstenstraße 49, 60486 Frankfurt.

Danksagung

Viele Personen haben zum Entstehen dieses Buches beigetragen. Ihnen möchte ich gerne ausdrücklich Danke sagen: Daniel Kuttler, der im Rahmen seiner Diplomarbeit sich intensiv mit diesem Thema befasst hat; Matthias Moeferdt, der vielfältige Quellen recherchiert hat; Petra Begemann und Sabine Rock, die mich auf dem Weg vom Manuskript bis zu diesem Buch entscheidend begleitet haben; Werner Tiki Küstenmacher, der es immer wieder schafft, meine Aussagen mit seinen kreativen Cartoons zu unterstützen; Christine Albrecht, die das Manuskript, insbesondere die Grafiken, mitgestaltet hat; Traudel Knoblauch für das aufmerksame Korrekturlesen; Friedbert Gay für die Rechte am persolog® Persönlichkeits-Profil (D-I-S-G) – es ist das beste Instrument zur Persönlichkeitsentwicklung, das wir kennen; Marcel Dompert, meinem Assistenten, der mir auch in diesem Projekt wieder seine volle Unterstützung gegeben hat; Christiane Meyer und dem Campus Verlag, die in gewohnt professioneller Weise dieses Projekt begleitet haben.

Giengen, im August 2009
Jörg Knoblauch
JKnoblauch@tempus.de

Register

Abschalten 138
Abstand 208 f.
A-Mitarbeiter 44–46, 77, 227
Anerkennung 104 f.
– geben 210 f.
Ängste 138
Arbeitsbereiche 116–119
Arbeitsgüte 123
Arbeitsort 129
Arbeitsqualität 121–125, 131
Arbeitstempo 123
Arbeitszufriedenheit 49, 119 f., 131
Aufrechter Gang 163
Auftreten 164–174
Ausreden 28 f.
Ausrutscher 33
Aussehen 163
Außenwirkung 62
Äußere Situation 127–131

Begabungen 79
Begeisterung 180
Bekanntheitsgrad 157 f.
Benimmregeln 164 f., 228
Bequemlichkeit 17
Bewusstsein 36
Blockaden 25–27, 43, 227

B-Mitarbeiter 44–46, 77
Braintrust 195
Branchenstammtisch 194
Bremsersprüche 178 f.
Büro, eigenes 170–174, 190

Chef, Erwartungen 57, 77, 227
Chef als Kunde 56–63, 77, 227
Chef entlasten 70
Chef verstehen 69 f.
Chefs, Problemtypen 71–74
– führungsscheue 71 f.
– kontrollierende 73
– unfähige 72
– unpersönliche 73 f.
– unterdrückende 74
C-Mitarbeiter 44 f., 47, 50 f., 77
Coach/Coaching 213–217, 225, 228
– Checkliste 216

Dominanter Grundtyp 93, 96 f.
Dreamday 152
Dresscode 160
Durchhaltevermögen 138

Ehrlichkeit 103 f.
Eigeninitiative 46, 115

Eigenschaften 57
Eigenverantwortlichkeit 58 f.
Einsatzbereitschaft 52, 122
Einstellung 33 f., 36–38, 123
Emotionale Bindung 49
Entmutigung 61
Entschlossenheit 25 f.
Erfolge 32
Erfolge zeigen 175 f.
Erfolgsstrategien 226–228
Erfolgsteam 220–225, 225, 228
Erster Augenschein 159 f.

Fachkompetenz/-kenntnisse 122
Feedback 75–77, 176 f.
Fehler 180
Fernziel 40
Flexibilität 60 f., 123
Flow/Flow-Kanal 38–43, 227
Fünf Ja 125 - 127

Gehalt 128 f.
Gespräche 210–212
Gesundheit 124
Gewissenhafter Grundtyp 94 f., 98 f.
Glaubenssätze 37

Hauptaufgaben 114–119, 131
Hauszeitschrift 182 f.
Herausforderungen 18, 227
Hindernisse 144
Höflichkeit 164–166, 190

Informationen 204–206, 228
Informationskette 196–198
Initiativer Grundtyp 93 f., 97

Innerer Schweinehund 15, 28–32, 43, 138, 227, 229
Integrität 53, 103 f.

Jahresziele 151 f.
Jobanalyse 116–119
Job-Grundfragen 113 f.
Jobwünsche 108 f.

Klagen 179
Klassenkameraden (ehemalige) 193
Kleidung 160–162, 190
Kollegenverhältnis 198–200, 202
Kollegenzustimmung 126
Komfortzone 15, 18–23, 25, 28, 43, 227
Kommunikation 53, 124
Kompetenzen 85–88
– Liste 87 f.
Kontaktdaten 212
Kontakte 206–212, 225, 228
Kostenbewusstsein 63
Kunden 166, 181
Kundenbezug 53, 124
Kundenorientierung 59
Kundenzustimmung 126

Langeweile 39 f., 43, 227
Lebensmotto 37
Leistung 157 f.
Lernen 180 f.
Loyalität 168 f.

Meetings 182
Mehrarbeit 174
Menschenkenntnis 200

Mentor/Mentoring 104 f., 217–220, 225, 228
Misserfolg 138
Mitarbeit 123
Mitarbeiter-Einteilung 44–47
Mitarbeiter-Kategorisierung 50–56
- Selbsttest 52–56
Mitdenken 62
Mittelmaß 15
Motivation 49 f., 61, 180
Motivationsfaktoren 89–92
- Liste 90 f.

Nahziel 40
Namen merken 211
Negatives Denken 35
Netzwerk 179, 192 f., 219, 225, 228
Netzwerkaufbau 198–212, 218, 228
Netzwerkkandidaten 205 f.
Netzwerknutzen 204 f.
Neues 20 f., 180
Nutzen 194–196

Offenheit 103 f.
Optimismus 61 f.
Outfit 160–164

Panikzone 21, 24 f., 43
Paradigmenwechsel 192 f.
Partner 127
persolog® Persönlichkeits-Profil 95–100, 110
Persönlichkeit 93–100
Persönlichkeitsdimension-Test 95–100
Persönlichkeitsstruktur 93–95

Perspektiven entwickeln 179
Perspektivwechsel 56
Placebo-Effekt 35
Planung 124, 145 f., 228
Position 128
Positives Denken 35 f., 227
Präsentationen 183 f.
Problemchefs 71–74, 77
Problemlöser/-lösung 63–69, 77, 227
Problemmacher 63
Professionalität/Professionelle Hilfe 138, 212 f.
Prozessverbesserung 52

Quartalsziele 152

Rangfolge 166
Realismus 29 f.
Referenten 193 f.
Respekt 164–166, 190
Risikobereitschaft 104
Rollenverteilung 200–203
Routine 18, 40, 43
Routinearbeiten 31, 73, 201

Schwächen 79, 81, 84 f., 110, 227
Selbstbeeinflussung 36
Selbstdarstellung 157 f., 228
Selbstlosigkeit 104 f.
Selbst-Marketing/Selbst-PR 157 f., 190, 228
- Aktionsplan 185–189
- Tipps 174–181
Selbstständigkeit 53, 124
Selbstzweifel 21
7-Jahres-Rhythmus 146–151
- Aktionsplan 148–151

- Schlüsselfragen 147 f.
Sitzplatz 212
Smalltalk 177 f., 190, 212
Spezialisierung 58
Spielregeln am Arbeitsplatz 167 f., 225
Sprinter-Clubs 205
Stärken 78–84, 110, 118, 227
Stärkenprofil 80 f., 110
Stetiger Grundtyp 94, 98
Stress 138

Tagesplanung 153 f.
Tagesschau 32
Team 181
Teamarbeit 53
Teamfähigkeit 60
Telefonieren 184 f.
Termine setzen 30
Tischmanieren 169 f.

Überforderung 39–41
Unterbewusstsein 36
Unterforderung 39–41
Unternehmensstruktur 200–203
Unterstützer 126 f.

Veränderungen, eigene 29–33
Verantwortungsbereiche 118 f.
Verbündete 198, 222–225
Verhaltensweisen 57–63
Versuchungen 32
Vertrag mit sich selbst 229 f.
Vertrauen 103 f.

Vision 139–141, 145, 150, 186–189, 222–224
Visitenkarten 211
Vorbilder 82–84
Vorgesetztenzustimmung 126

Wachstumszone 20 f., 23 f., 43, 227
Weiterbildung 122
Werte 100–106
– der Organisation 104 f.
– persönliche 103 f.
Wertecheck 103–105, 110
Werteprofil 102 f.
Wertespannungsindex 105
Wertschätzung 175
Wirkung auf andere 164
Wochenplanung 152 f.
Wünsche 106–109, 135 f.

Ziele 39 f., 52, 131, 155, 227
– Machbarkeit 134 f.
– Messbarkeit 134 f.
– schriftlich fixieren 136 f., 155, 227
Zielabweichungen 137–139
Zielerreichung 52, 124
Zielfoto Traumjob 141–146, 150, 155, 186–189, 222–224, 227
– erstellen 142 f.
Zielkontrolle 138
Zielvereinbarungen 40
Ziel-Wunsch-Unterscheidung 135 f.
Zusammenarbeit 122
Zustimmung 125–127

Volker Kitz, Manuel Tusch
Ohne Chef ist auch keine Lösung
Wie Sie endlich mit ihm klarkommen

2009, 226 Seiten,
Klappenbroschur
ISBN 978-3-593-38789-5

»Das Einzige, was an meinem Job stört, ist der Chef.«

Der Chef ist Zufriedenheitskiller Nummer 1 im Job. Doch Sie können ihn weder umbringen noch umgehen! Volker Kitz und Manuel Tusch wissen: Nur ein konstruktiver Umgang miteinander bringt uns weiter. Anhand der zehn ultimativen Gebote für den Joballtag zeigen die Autoren, wie Sie mit Ihrem Chef endlich besser klarkommen – und was er tun könnte, um Ihr Arbeitsleben zu erleichtern ... Das längst fällige Buch für alle Chef-Geplagten!

Mit Website zum Buch:
www.wenn-der-chef-nervt.de

Frankfurt · New York

**Mehr Informationen unter
www.campus.de**